Safran-Sensations-Kochbuch

100 Rezepte, die das aromatische und exotische Gewürz feiern

Else Hoffmann

Urheberrechtliches Material ©2023

Alle Rechte vorbehalten

Kein Teil dieses Buches darf ohne die entsprechende schriftliche Zustimmung des Herausgebers und Urheberrechtsinhabers in irgendeiner Form oder auf irgendeine Weise verwendet oder übertragen werden, mit Ausnahme von kurzen Zitaten, die in einer Rezension verwendet werden. Dieses Buch sollte nicht als Ersatz für medizinische, rechtliche oder andere professionelle Beratung betrachtet werden.

INHALTSVERZEICHNIS

INHALTSVERZEICHNIS **3**
EINFÜHRUNG **7**
FRÜHSTÜCK **9**
   1. Safran-Tomaten-Shashuka 10
   2. Safran-Crepes 12
   3. Haferflocken mit Safran 14
   4. Kartoffel-Safran-Frittata 16
   5. Kornisches Safranbrot 18
   6. Kurkuma- und Safranmilch 20
   7. Safranbrötchen 22
   8. Safranjoghurt 24
   9. Safrantee 26
   10. Safran-Pistazien-Eistee 28

VORSPEISEN UND SNACKS **30**
   11. Reisbällchen mit Safran und Microgreens 31
   12. Würziges Winterrohkost 34
   13. Hähnchenspiesse 36
   14. Pholourie 39
   15. Arancini mit geröstetem Kürbis und Gorgonzola 41
   16. Frittierte Safran-Parmesan-Sticks 45
   17. Bouillabaisse-Häppchen 47
   18. Safranrinde aus weißer Schokolade 49
   19. Garnelen in Safrancreme 51

HAUPTKURS **53**
   20. Crockpot-Olivenhähnchen 54
   21. Hähnchenbrust in Senf-Kräuter-Sauce 56
   22. Lachs in Safran-Curry XE 59

23. Linguine und Garnelen-Scampi 61

24. Garnelen a la Plancha auf Safran-Allioli-Toast 63

25. Bombay-Seeteufel 67

26. Safranlachs und Jasminreis 69

27. Safran-Knoblauch-Thunfisch 71

28. Ziegenbaby, geschmort mit Mandeln und Safran 73

29. Rinderfilet auf Kürbis-Safran-Peitsche 75

30. Mit Safran gebackene Lammkeule 77

31. Paella mit Hühnchen, Garnelen und Chorizo 79

32. Brauner Reisrisotto 82

33. Olivenhähnchen 84

34. Safran-Hähnchen-Fladenbrot mit Minzjoghurt 86

35. Zitronen-Erbsenranken-Risotto 89

36. Brauner Reis-Pilz-Risotto 91

37. Gemüse-Paella 93

38. Blumenkohlrisotto mit Safran 95

39. Schwarze Bohnen mit Safranreis 97

40. Safran-Tagliatelle mit Frühlingsgemüse 100

41. Safranreis mit Berberitzen, Pistazien und gemischten Kräutern 103

42. Fava Bean Kuku 106

43. Safranreis mit Berberitzen, Pistazien und gemischten Kräutern 109

44. Gebratenes Hähnchen mit Topinambur und Zitrone 112

45. Tubetti nach Risotto-Art mit Safran 115

46. Cascadia Fideua 117

47. Gebutterter Safranreis 120

48. Lachsmedaillons mit Safransauce 122

49. Jakobsmuscheln mit Safran 125

50. Mit Tomaten und Safran geschmortes Hähnchen 127

51. Pochierter Heilbutt in Safranbrühe 129

52. Risotto aus Entenleber 131

SALATE UND BEILAGEN 134

53. Safran-Nudelsalat 135

54. Safran-Fenchel Sous Vide 137

55. Safran-Kartoffelpüree 139

56. Couscous-Salat mit Safran und Johannisbeeren 141

57. Safran-Quinoa und gerösteter Rübensalat 143

58. Safran-Hähnchen-Kräuter-Salat 146

59. Duftender Safran-Nudelsalat 149

60. Safranreissalat 151

SUPPEN UND EINTÖTUNGEN 153

61. Knoblauch-Safran-Suppe 154

62. Mandel-Pistazien-Safran-Currysauce 156

63. Muschel-Safran-Suppe 158

64. Fischeintopf mit Chili XE „Fischeintopf mit Chili" 161

65. Geröstete Auberginen-Safran-Suppe 163

66. Meeresfrüchte- und Fenchelsuppe 165

67. Pistazien-Safran-Suppe 168

68. Kürbis-Safran-Bisque 171

Saucen und Marmelade 173

69. Cremige Safransauce 174

70. Frische Tomatensauce mit Safran 176

71. Mandel-Pistazien-Safran-Currysauce 178

72. Im Ofen geröstete Apfel-Safran-Marmelade 180

73. Safran-Estragon-Sauce 182

NACHTISCH 184

74. Schokoladenkuchen mit Safran-Trüffelcreme 185

75. Goldener Safrankuchen 188

76. Honigapfel-Safran-Tarte 190

77. Pfirsiche in Safran 192

78. Safran-Eis 194

79. Safran-Pistazien-Panna-Cotta 196

80. Kokoswasser-Panna Cotta mit Safran 198

81. Mango Lassi Panna Cotta 200

82. Safran-Pistazien-Panna-Cotta 202

83. Safrangerolltes Eis 204

84. Schokoladenkuchen mit Safran-Trüffelcreme 206

85. Safranreispudding 209

86. Eierpudding 211

87. Safran-Risotto-Kuchen 213

88. Persischer Safranpudding 215

89. Mini-Orangen-Safran-Kuchen 218

90. Safran-Kulfi-Pops 221

GETRÄNKE 224

91. Safran-Zimt-Cocktail 225

92. Safran-Pfirsich-Cocktail 227

93. Ingwer-Orangen-Strauch 229

94. Heilendes Lassi 231

95. Mit Safran und Rose angereicherte Limonade 233

96. Safran altmodisch 235

97. Sumach- und Safran-Auffrischer 237

98. Safran Şerbeti (Safransirup) 239

99. Honig-Zitronen-Safran-Cocktail 241

100. Chiasamen- und Rosenwasser-Safran-Getränk 243

ABSCHLUSS 245

EINFÜHRUNG

Was ist Safran?

Safran ist ein Gewürz, das aus der Blüte des Crocus sativus gewonnen wird, der allgemein als „Safrankrokus" bekannt ist. Die leuchtend purpurnen Narben und Stiele, sogenannte Fäden, werden gesammelt und getrocknet, um sie hauptsächlich als Würz- und Farbstoff in Lebensmitteln zu verwenden. Safran enthält Chemikalien, die die Stimmung verändern, Krebszellen abtöten, Schwellungen verringern und wie Antioxidantien wirken können.

Was sind die Vorteile von Safran?

- **Antioxidativer Boost-**Safran ist wie viele andere Kräuter und Pflanzen reich an Antioxidantien. Diese Substanzen helfen, Zellschäden zu bekämpfen und können Krebs und anderen Krankheiten vorbeugen. Untersuchungen haben auch gezeigt, dass die Antioxidantien in Safran gesund für Ihr Gehirn und Ihr Nervensystem sein können.
- **PMS-Reliefmittel-**Das prämenstruelle Syndrom (PMS) kann eine Vielzahl von Symptomen verursachen, von Unterleibsschmerzen bis hin zu Akneausbrüchen. Bei vielen Menschen beeinträchtigt PMS ihre psychische Gesundheit und führt zu Angstzuständen, Depressionen und Stimmungsschwankungen. Einige kleine Forschungsstudien haben ergeben, dass Safran PMS-bedingte Depressionen lindern kann.
- **Hilfsmittel zur Gewichtsreduktion**Abnehmen kann schwer sein, besonders wenn Ihr Appetit scheinbar gegen Sie arbeitet. Eine Studie an einer Gruppe von Frauen ergab, dass die Einnahme von Safran dazu führte, dass sie sich weniger hungrig fühlten und seltener Snacks zu sich nahmen.
- **Anfallsbehandlung-**Safran wird in der iranischen Volksmedizin als krampflösendes Mittel (gegen Krampfanfälle) eingesetzt. Einige Studien in biologischen Modellen zeigen, dass es einige Arten von Anfällen verkürzen kann.

- **ED-Mittel**-Erektile Dysfunktion (ED), die Fähigkeit, eine Erektion aufrechtzuerhalten, betrifft Millionen. Und Safran könnte laut einigen Untersuchungen eine Behandlung für ED sein.
- **Behandlung der Alzheimer-Krankheit**-Safran könnte genauso wirksam sein wie ein verschreibungspflichtiges Medikament zur Behandlung der leichten bis mittelschweren Alzheimer-Krankheit. Es gibt kein Heilmittel für Alzheimer, aber Studien deuten darauf hin, dass Safran dazu beitragen könnte, das Fortschreiten der Krankheit zu verlangsamen und die Symptome zu lindern.
- **Depressionsbehandlung**-Depression ist eine psychische Störung, von der Millionen Menschen weltweit betroffen sind. Die Behandlung kann verschiedene Arten von Therapien oder Medikamenten umfassen. Einige Studien zeigen, dass der Verzehr von Safran bei Depressionssymptomen helfen kann.

So verwenden Sie Safran

Weichen Sie ein paar Fäden in heißem Wasser ein, um Safrantee zuzubereiten, oder mischen Sie die Flüssigkeit für den Geschmack in herzhafte Gerichte. Sie können auch Safrankapseln zum Schlucken kaufen, wenn Ihnen der Geschmack nicht gefällt.

FRÜHSTÜCK

1. Safran-Tomaten-Shashuka

Ergibt: 6 Portionen

ZUTATEN:
- 1 Esslöffel Olivenöl
- ½ gelbe Zwiebel in dünne Scheiben schneiden
- 4 Knoblauchzehen grob gehackt
- 1 Pint Kirschtomaten halbieren
- 1 ½ Esslöffel Tomatenmark
- ¼ Teelöffel gemahlener Kreuzkümmel
- ¼ Teelöffel gemahlener Koriander
- Eine Prise Safranfäden, insgesamt 10–15 Fäden
- 2-4 Esslöffel Wasser
- 6 Eier
- 4 Frühlingszwiebeln gehackt
- ¼ Tasse Koriander gehackt
- ¼ Tasse Feta-Käse zerkrümelt
- Koscheres Salz und frisch gemahlener schwarzer Pfeffer

ANWEISUNGEN:
☑ Erhitzen Sie das Öl in einer großen 25-cm-Pfanne bei mittlerer bis hoher Hitze, fügen Sie Zwiebeln hinzu und braten Sie es 5 Minuten lang an.
☑ Knoblauch, Tomaten, Tomatenmark und Gewürze hinzufügen und mit Salz und Pfeffer würzen. Abdecken und etwa 5 Minuten kochen lassen, dabei halb umrühren. Den Deckel abnehmen und Wasser einrühren.
☑ Machen Sie nacheinander eine kleine Mulde in die Tomatensoße und schlagen Sie ein Ei hinein. Wiederholen Sie den Vorgang mit den restlichen Eiern. Reduzieren Sie die Hitze auf mittlere Stufe und lassen Sie es zugedeckt 3-5 Minuten lang köcheln.
☑ Überprüfen Sie die Eier, um zu sehen, ob sie Ihren Wünschen entsprechen, und garnieren Sie sie dann mit Frühlingszwiebeln, Koriander, Feta und nach Bedarf mit zusätzlichem Salz und Pfeffer. Sofort servieren.

2. Safran-Crepes

Ergibt: 12 20 cm große Crêpes

ZUTATEN:
- 2 Prisen Safran
- 2 Eier
- ¾ Tasse Milch
- ½ Tasse Wasser
- ½ Teelöffel Salz
- 2 bis 3 Esslöffel geschmolzene Butter oder leichtes Olivenöl
- 1 Tasse ungebleichtes Mehl
- 3 bis 4 Basilikumblätter, fein geschnitten

ANWEISUNGEN:
- Bedecken Sie die Safranfäden mit einem Löffel heißem Wasser in einer kleinen Schüssel. Beiseite legen.
- Eier, Milch, ½ Tasse Wasser, Salz, Butter und Mehl in einem Mixer vermischen. Kurz verarbeiten und die Seiten abkratzen. 10 Sekunden länger verarbeiten. In eine große Schüssel füllen. Safran und Basilikum unterrühren.
- Zugedeckt mindestens 1 Stunde ruhen lassen. Machen Sie Crêpes in einer Crêpes-Pfanne nach den Anweisungen des Herstellers.
- Um den Teig von Hand zuzubereiten, bedecken Sie die Safranfäden mit einem Löffel heißem Wasser in einer kleinen Schüssel. Beiseite legen.
- Eier in einer großen Schüssel leicht schlagen. Milch, ½ Tasse Wasser, Salz, Butter oder leichtes Olivenöl einrühren. Mehl unterrühren. Gerade genug umrühren, um die ZUTATEN zu vereinen: und absehen.
- Safran und Basilikum unterrühren. 30 Minuten ruhen lassen. Machen Sie Crêpes in einer Crêpes-Pfanne.
- Stapeln Sie die Crêpes, um sie warm zu halten oder im Voraus zuzubereiten, wickeln Sie sie in Folie ein und lagern Sie sie im Kühlschrank. In Folie eingewickelt im Ofen aufwärmen.

3. Haferflocken mit Safran

Ergibt: 2 Portionen

ZUTATEN:
- 1 Esslöffel Safranfäden, geteilt
- 2 Esslöffel heißes Wasser
- 2 Tassen Haferflocken glutenfrei, falls nötig
- 1 Tasse + 1 Esslöffel ungesüßte Mandelmilch, geteilt
- 1 Tasse Wasser
- ½ Teelöffel Muskatnuss
- ½ Teelöffel Kardamompulver
- Ahornsirup (optional)
- 2 Teelöffel gehobelte Mandeln

ANWEISUNGEN:
☑ Safranfäden mit heißem Wasser in einer Schüssel oder Tasse vermischen und ziehen lassen. 1 Esslöffel reservieren.

☑ Haferflocken, 1 Tasse Mandelmilch, Wasser, Muskatnuss, Kardamompulver und Safranwasser in einer Schüssel vermischen. Wenn Sie möchten, fügen Sie Ahornsirup hinzu. 2-3 Minuten in der Mikrowelle erhitzen.

☑ Mit einem Löffel vermischen und die restlichen Safranfäden, das zurückbehaltene Safranwasser, die restliche Mandelmilch und die Mandelblättchen dazugeben.

4. Kartoffel-Safran-Frittata

Macht: 4

ZUTATEN:
- ½ mittelgroße rote Zwiebel, fein gehackt
- 1 mittelgroße rotbraune Kartoffel, fein gewürfelt
- 8 große Bio-Eier
- ⅓ Tasse geriebener Parmesankäse
- ⅛ Teelöffel Safran
- Meersalz und schwarzer Pfeffer nach Geschmack
- 4 Esslöffel natives Olivenöl extra

ANWEISUNGEN:
☑ Das Öl in einer mittelgroßen Pfanne bei mittlerer Hitze 1-2 Minuten lang erhitzen. Zwiebeln und Kartoffeln fein hacken, dann in die Pfanne geben und auf mittlerer bis niedriger Stufe etwa 8 Minuten anbraten, bis die Zwiebeln glasig und die Kartoffeln gabelweich sind.
☑ Die Eier mit Parmesan und Safran in einer mittelgroßen Schüssel verquirlen und dann in die Pfanne geben. Etwa 5 Minuten kochen lassen, dabei ständig umrühren. Die Eier aus der Pfanne nehmen und in einer mittelgroßen Schüssel beiseite stellen.
☑ Stellen Sie die Bratpfanne wieder auf den Herd und geben Sie weitere 1–2 EL hinein. Olivenöl. Erhöhen Sie die Temperatur auf mittelhoch und erhitzen Sie das Öl 1 Minute lang.
☑ Geben Sie die Eier zurück in die Pfanne und formen Sie beim Kochen mit einem Spatel eine Pastete. Schütteln Sie die Pfanne leicht, damit die Eier nicht kleben bleiben, und drücken Sie sie nach unten, um sicherzustellen, dass die Frittata gleichmäßig ist.
☑ Etwa 2 Minuten kochen lassen, dann die Bratpfanne mit einem großen flachen Teller abdecken. Halten Sie den Griff der Bratpfanne und drücken Sie mit der Handfläche der anderen Hand auf die Mitte des Tellers. Drehen Sie dann die Frittata auf den Teller.
☑ Die Frittata zurück in die Bratpfanne schieben und auf der anderen Seite weitere 2 Minuten braten.
☑ Einige Minuten abkühlen lassen und dann in die gewünschten Stücke schneiden.

5. Kornisches Safranbrot

Ergibt: 2 Brote

ZUTATEN:
⅛ Teelöffel Safran
¼ Tasse kochendes Wasser
⅓ Tasse lauwarmes Wasser
2 Teelöffel Zucker
1 Esslöffel Hefe
¾ Tasse Milch; verbrüht
⅓ Tasse Verkürzung
½ Tasse) Zucker
1 Teelöffel Salz
½ Teelöffel gemahlener Kardamom
2 Eier
½ Tasse Johannisbeeren
¼ Tasse Zitronenschale
2 Teelöffel Zitronenschale
5 Tassen Mehl.

Safran in kochendes Wasser geben und ziehen lassen. 2 TL Hefe hinzufügen. Zucker und Wasser hinzufügen und zum Wachsen warm halten. Brühmilch, Backfett, Zucker, Salz und Kardamom in einer Rührschüssel vermischen. Abkühlen lassen und Safran, Hefe und Eier hinzufügen. Gut schlagen. Korinthen, Zitronenschale, Zitronenschale und die Hälfte des Mehls hinzufügen.

Gut schlagen. Von dem restlichen Mehl so viel hinzufügen, dass ein weicher Teig entsteht.

Kneten, bis es glatt und elastisch ist. Gehen lassen, dann in zwei Brote oder zwei Dutzend Brötchen teilen und gehen lassen. 30 bis 40 Minuten bei 180 °C backen.

6. Kurkuma- und Safranmilch

Macht; 1 Portion

ZUTATEN:
1 Tasse Milch
3 Fäden Safran
1/2 TL Kurkumapulver

ANWEISUNGEN:
Alle Zutaten zusammen zum Kochen bringen. Bei schwacher Hitze 1-2 Minuten kochen lassen
Fertig zum Servieren. Fügen Sie blanchierte Mandeln hinzu, um ein gesünderes und nahrhafteres Getränk zu erhalten
Trinken Sie dies einmal täglich für ein gesünderes Leben.

7. Safranbrötchen

Ergibt: 16 Portionen

ZUTATEN:
- ¼ Tasse Wasser – heiß
- ¼ Teelöffel Safranfäden – zerstoßen
- ½ Tasse 1 % Milch
- ¼ Tasse Zucker
- 2 Esslöffel Margarine, Imitat –
- 1½ Teelöffel Salz
- 1 großes Ei
- 1 Esslöffel Hefe – +2 Teelöffel
- 3 Tassen Allzweckmehl, ungebleicht
- 1 großes Eiweiß – leicht geschlagen
- 1 Teelöffel Wasser
- Perlzucker

a) Heißes Wasser und Safran vermischen und 10 Minuten ruhen lassen, damit der Safran weich wird. In einer Rührschüssel Safranwasser, Milch, Zucker, Butter, Salz, Ei, Hefe und 2 Tassen Mehl verrühren.

b) Von dem restlichen Mehl so viel hinzufügen, dass ein weicher Teig entsteht. Kneten Sie den Teig und lassen Sie ihn dann etwa zwei Stunden lang aufgehen, bis er voluminös ist (aber nicht unbedingt sein Volumen verdoppelt hat).

c) Den Teig ausstanzen und abgedeckt 10 Minuten ruhen lassen. Teilen Sie den Teig in 16 Stücke und formen Sie jedes Stück zu einer Kugel.

d) Legen Sie die Kugeln ziemlich nahe beieinander (aber nicht berührend) in eine 12 Zoll tiefe Pizzaform oder eine 9 x 13 Zoll große Pfanne, decken Sie sie ab und lassen Sie sie 1½ Stunden lang gehen, oder bis sie geschwollen sind.

e) Glasieren Sie die Brötchen mit der Mischung aus geschlagenem Eiweiß und Wasser und bestreuen Sie sie anschließend kräftig mit Hagelzucker.

f) Backen Sie sie 20 Minuten lang in einem vorgeheizten Ofen bei 180 °C oder bis sie goldbraun sind.

g) Mit Butter oder Devon-Creme servieren.

8. Safranjoghurt

Ergibt: 4 Portionen

ZUTATEN:
- 1 Prise Safranfäden
- 3 Teelöffel kochendes Wasser
- ½ Pint griechischer Joghurt; (300 ml)
- 4 Kardamomkapseln
- 6 Teelöffel Puderzucker

a) Den Safran 30 Minuten im Wasser einweichen. Safran und Wasser mit griechischem Joghurt vermischen.
b) Die Kardamomkapseln zerdrücken, die Kerne entfernen und mit einem Stößel und Mörser so fein wie möglich zermahlen. Mit dem Zucker unter den Joghurt rühren.
c) Gut abkühlen lassen und mit Zitronenschale dekoriert servieren. Dieser Joghurt passt gut zu frischem Obstsalat.

9. Safran-Tee

Ergibt: 1 Portion

Zutaten
- 6 – 9 Fäden Gozie-Safran
- Schwarzer oder grüner Tee
- 2 Tassen Wasser
- 1 Teelöffel Rosenwasser
- Kardamom (optional)

Richtungen
a) Wasser aufkochen und in eine Teekanne gießen.
b) Safran, schwarzen oder grünen Tee, Rosenwasser und Kardamom in eine Teekanne geben und zehn Minuten ziehen lassen.

10. Safran-Pistazien-Eistee

Macht: 2

ZUTATEN:
- 2 Beutel Schwarztee-Assam-Tee
- 2 Tassen heißes Wasser
- 1 Teelöffel Rosenkonfitüre
- 2 Teelöffel Pistazien blanchiert und in Scheiben geschnitten
- 2 Nelken
- 1/2-Zoll Zimt
- 1 Kardamom
- 1 Teelöffel Zucker optional
- 1 Prise Safranstränge
- 6 Eiswürfel

ANWEISUNGEN
a) Die Serviergläser 10 Minuten lang einfrieren.
b) Binden Sie die gesamten Gewürze und den Tee in ein Musselintuch.
c) Bringen Sie das Wasser zum Kochen. Geben Sie das Musselintuch in das kochende Wasser.
d) Lassen Sie die Teebeutel und den Gewürzbeutel 5 Minuten ziehen.
e) In eine Schüssel abseihen. Rosenkonfitüre und zusätzlichen Zucker hinzufügen.
f) Die Hälfte der Pistazien untermischen und gut verrühren.
g) In die gefrorenen Gläser füllen.
h) Bei Bedarf noch ein paar Würfel dazugeben. Mit den restlichen Pistazien und Safran belegen.
i) Sofort gekühlt servieren.

VORSPEISEN UND SNACKS

11. Reisbällchen mit Safran und Microgreens

Macht: 6

ZUTATEN:
- 1 Tasse Risottoreis
- 1 weiße Zwiebel, fein gehackt
- 1 Knoblauchzehe, fein gehackt
- 2 Esslöffel Olivenöl
- 1½ Tassen Weißwein
- 1 Liter Gemüsebrühe, erhitzt
- 1 Prise Safran
- Salz und Pfeffer nach Geschmack
- 1 Tasse Parmigiano, fein gerieben
- 1 Tasse Mozzarella, fein gehackt
- 4 Eier
- 1 Tasse Mehl
- 1 Tasse Semmelbrösel
- 1 Liter Pflanzenöl
- Würzige Mischung aus Microgreens

ANWEISUNGEN:

a) In einem Topf oder Wok das Olivenöl erhitzen, dann die Zwiebeln, den Knoblauch und den Reis hinzufügen und kochen, bis die Zwiebeln glasig sind.
b) Unter ständigem Rühren mit Weißwein ablöschen, bis die Flüssigkeit vollständig aufgesogen ist, dann eine Kelle Gemüsebrühe, Salz und Pfeffer hinzufügen und Safran und Parmigiana hinzufügen. Mindestens eine Nacht im Kühlschrank lagern.
c) Kaltes Risotto, 3 Eier und Mozzarella in einer Rührschüssel mit den Händen verkneten.
d) Die Panierzutaten sollten in drei Schüsseln zubereitet werden: Mehl in einer, 1 Ei in einer anderen und Semmelbrösel in der dritten.
e) Rollen Sie aus der Risotto-Mischung Golfball-große Kugeln in Ihren Handflächen. Anschließend mit Mehl, dann mit Ei und schließlich mit Semmelbröseln bestreichen.
f) Erhitzen Sie das Pflanzenöl in einem heißen Topf und kochen Sie dann jeweils ein paar Arancini, bis sie rundherum braun und knusprig sind.
g) Warm oder kalt auf einem Bett aus kleinem Blattgemüse servieren.

12. Würziges Winter-Rohkost

Macht: 4-6

ZUTATEN:
- 1 rote Zwiebel; geschält, in Scheiben geschnitten
- 1 grüner Pfeffer; entsät und geschnitten
- 1 rote oder gelbe Paprika; entsät und geschnitten
- 1 Rübe; geschält und dünn
- 2 Tassen Blumenkohlröschen
- 2 Tassen Brokkoliröschen
- 1 Tasse Babykarotten; getrimmt
- ½ Tasse dünn geschnittene Radieschen
- 2 Esslöffel Salz
- 1½ Tasse Olivenöl
- 1 gelbe Zwiebel; geschält und fein; gehackt
- ⅛ Teelöffel Safranfäden
- Prise Kurkuma, gemahlener Kreuzkümmel, schwarzer Pfeffer, Paprika, Cayennepfeffer, Salz

ANWEISUNGEN:
a) Geben Sie das vorbereitete Gemüse in eine große Schüssel, bestreuen Sie es mit 2 Esslöffeln Salz und fügen Sie kaltes Wasser hinzu.
b) Am nächsten Tag das Gemüse abtropfen lassen und abspülen. Bereiten Sie die Marinade vor, indem Sie die Zwiebel, die Gewürze und das Salz 10 Minuten lang im Olivenöl köcheln lassen.
c) Verteilen Sie das Gemüse in einer 9 x 13 Zoll großen Schüssel. Die heiße Marinade darübergießen.
d) Zum Servieren entweder kalt oder bei Zimmertemperatur in eine dekorative Schüssel geben.

13. Hähnchenspiesse

Macht: 4-6

ZUTATEN:
- Saft von 2 Zitronen
- 2 mittelgroße Zwiebeln
- 2 Esslöffel Butter
- Salz und Pfeffer nach Geschmack
- 1 Esslöffel Pflanzenöl
- Prise Safran (optional)
- 20 Hähnchenschenkel, ohne Knochen

ANWEISUNGEN:
a) Die Hähnchenteile waschen, häuten und auf einem Küchentuch trocknen. Den Blitz vorsichtig einritzen, damit die Marinade tiefer eindringen kann.
b) Zwiebeln schälen und reiben. So viel Saft wie möglich auspressen und wegwerfen.
c) Mahlen Sie den Safran mit einem Mörser und einem halben Teelöffel Kristallzucker zu einem Pulver.
d) Geben Sie den Safran in eine Tasse und fügen Sie ¼ Tasse kochendes Wasser hinzu. Decken Sie die Tasse mit einer Untertasse ab und stellen Sie sie beiseite.
e) **MARINADE**
f) Geben Sie die Hähnchenteile in eine flache Schüssel und gießen Sie die geriebenen Zwiebeln darüber. Fügen Sie einen Esslöffel Zitronensaft, Pflanzenöl sowie Salz und Pfeffer nach Geschmack hinzu.
g) Mischen, um sicherzustellen, dass die Hähnchenteile gut mit der Marinade bedeckt sind. Decken Sie die Form mit Frischhaltefolie ab und lassen Sie sie mindestens ein paar Stunden ruhen.

KOCHEN

h) Erhitzen Sie einen Grill, bis er so heiß wie möglich ist.
i) Fünf Hähnchenstücke aus der Marinadenmischung auf einen flachen Metallspieß stecken. Wiederholen, bis alle Stücke aufgebraucht sind.
j) Die Butter schmelzen und beiseite stellen. Die Spieße auf den Grill legen und mit Butter und Zitronensaft bestreichen. Wenn Sie Safran verwenden, bestreichen Sie einige Spieße mit Safran und einige mit Zitronensaft.
k) Drehen Sie es, um sicherzustellen, dass beide Seiten schön gegrillt sind. Auf einem Bett aus Naturreis oder einem Stück frischem Brot servieren.

14. Pholourie

Macht: 4-6

ZUTATEN:
- ½ Pfund Spalterbsen
- 1 fein gehackte Knoblauchzehe
- ½ Teelöffel Safranpulver
- ⅛ Teelöffel Backpulver
- 1 Teelöffel Backpulver
- 1 Esslöffel Mehl
- 1 Teelöffel Salz
- Saft einer halben kleinen Limette
- Zwei Tassen Öl oder je nach Bedarf zum Frittieren

ANWEISUNGEN:
a) Die Spalterbsen waschen und über Nacht einweichen lassen.
b) Die Erbsen abtropfen lassen und zu einer glatten Konsistenz mahlen. Geben Sie alle anderen Zutaten hinzu, vermischen Sie alles gut und lassen Sie es eine Stunde lang stehen. Falls die Mischung zu trocken wird, fügen Sie etwas Wasser hinzu. Dann noch einmal schlagen, bis es leicht und locker ist.
c) Das Öl in einer Fritteuse erhitzen. Geben Sie die Mischung teelöffelweise in das heiße Öl. Frittieren, bis es goldbraun ist oder bis der Phosphor an die Oberfläche schwimmt.
d) Abgießen und sofort mit Tamarinden- oder Mango-Chutney servieren.
e) Ergibt: etwa zwei Dutzend, je nach Größe.

15. Arancini mit geröstetem Kürbis und Gorgonzola

Ergibt: 12 Arancini

ZUTATEN:

- eine Prise Safranfäden
- 450 g Butternusskürbis, in 2 cm große Würfel geschnitten
- 3 Esslöffel Olivenöl
- 50g Butter
- 1 große Zwiebel, fein gehackt
- 2 Knoblauchzehen, zerdrückt
- 350g Carnaroli-Risottoreis

- 250 ml Weißwein oder mehr Brühe (siehe unten), wenn Sie es bevorzugen, 750 ml Hühner- oder Gemüsebrühe, 90 g frisch geriebener Parmesan
- 60 g Gorgonzola, in zwölf 1 cm große Würfel geschnitten
- 100 g einfaches Mehl
- 2 Eier, leicht geschlagen
- 120 g Panko-Semmelbrösel
- Salz und frisch gemahlener schwarzer Pfeffer

ANWEISUNGEN:

☑ Den Backofen auf 200 °C/180 °C Umluft/Gas Stufe 6 vorheizen. Die Safranfäden in 1 Esslöffel kochendem Wasser einweichen.

☑ Den Butternusskürbis mit 2 EL Olivenöl in einen Bräter geben, leicht würzen und 20–25 Minuten kochen, bis er weich ist.

☑ Das restliche Öl und die Hälfte der Butter in eine Pfanne mit schwerem Boden geben und bei mittlerer Hitze erhitzen. Sobald die Butter schmilzt, die Zwiebel dazugeben, die Hitze so niedrig wie möglich reduzieren und etwa 20 Minuten sanft kochen lassen, bis sie weich, aber nicht verfärbt ist.

☑ Erhöhen Sie die Hitze auf mittlere Stufe, rühren Sie den Knoblauch unter und braten Sie ihn nur eine Minute lang, bevor Sie den Reis hinzufügen.

☑ Einige Minuten unter Rühren braten, bis die Körner durchscheinend werden, dann den Wein (falls verwendet) oder zusätzliche Brühe hinzufügen.

☑ Bei mittlerer Hitze häufig umrühren, bis die Flüssigkeit fast aufgesogen ist, dann etwa ein Drittel der Brühe zusammen mit dem Safranwasser hinzufügen und etwa 5–8 Minuten weiter kochen und rühren, bis die Flüssigkeit fast aufgesogen ist. Fügen Sie ein weiteres Drittel der Brühe hinzu und wiederholen Sie den Vorgang. Fügen Sie dann die restliche Brühe hinzu und rühren Sie regelmäßig um, bis sie aufgesogen ist und der Reis gerade zart ist.

☑ Den Herd ausschalten und die restliche Butter und den Parmesan unterrühren. Mit Salz und Pfeffer abschmecken und zum Abkühlen beiseite stellen – wenn man es auf einem Tablett ausbreitet, geht das wesentlich schneller.

☑ Den gerösteten Kürbis auf einem Schneidebrett grob zerdrücken und dann in 12 gleiche Portionen teilen. Drücken Sie jede Portion zu einer Scheibe flach, legen Sie dann einen Gorgonzolawürfel in die Mitte und bedecken Sie ihn, indem Sie den Kürbis an den Seiten aufziehen.

☑ Mehl, Ei und Semmelbrösel in separate Schüsseln geben.

☑ Räumen Sie die Arbeitsplatte frei und stellen Sie eine Produktionslinie auf: das Risotto, gefolgt von der Kürbisfüllung, der Schüssel mit Mehl, der Schüssel mit Ei, der Schüssel mit Semmelbröseln und schließlich einem sauberen Teller, auf den Sie die fertigen Arancini legen können.

☑ Nehmen Sie einen großzügigen Esslöffel Risotto oder wiegen Sie das gekochte Risotto ab und teilen Sie es durch 12, um gleiche Portionen zu erhalten: Das ist zusätzliche Arbeit, aber es lohnt sich. Rollen Sie das erste Stück Risotto in Ihren Handflächen zu einer Kugel und drücken Sie diese fest zusammen. Drücken Sie dann die Kugel flach und geben Sie eine Kugel Kürbisfüllung in die Mitte. Ziehen Sie dabei die Seiten des Risottos nach oben, um es vollständig wie eine Kugel einzuschließen. Lassen Sie die Kugel in die Schüssel mit Mehl fallen und rollen Sie sie vorsichtig, bis sie vollständig bedeckt ist.

☑   Geben Sie es dann in die Schüssel mit dem Ei und rollen Sie es erneut, bis es bedeckt ist, bevor Sie es schließlich in die Schüssel mit den Semmelbröseln fallen lassen und rollen. Auf dem sauberen Teller beiseite stellen und für die anderen 11 Arancini wiederholen.

☑   Das Öl in einer Fritteuse auf 170 °C/340 °F erhitzen. Die Arancini in Portionen von 3 oder 4 Stück etwa 5 Minuten braten, bis sie knusprig und goldbraun sind.

16. Gebratene Safran-Parmesan-Sticks

Ergibt: 1 Portion

ZUTATEN:
- ½ Teelöffel Dicht gepackte Safranfäden
- ½ Pfund junger Parmesankäse von guter Qualität
- 4 Tassen Sonnenblumenöl; zum Frittieren
- 1 Eigelb
- 1½ Tasse Eiswasser
- 1½ Tasse gesiebtes Mehl plus, extra zum Bestreichen

ANWEISUNGEN:
☑ In einem kleinen Topf 1 Tasse Wasser zum Kochen bringen. Safran hinzufügen und 2 Minuten kochen lassen. Auf Raumtemperatur abkühlen lassen. Schneiden Sie Parmigiano-Reggiano mit einem scharfen Messer in dünne Scheiben.

☑ In einer kleinen Schüssel den Käse mit der Safranflüssigkeit vermischen und 6 Stunden lang marinieren.

☑ In einer Fritteuse das Öl auf 365 Grad erhitzen.

☑ In einer Schüssel Eigelb schlagen; Wasser hinzufügen und leicht umrühren. Fügen Sie 1½ Tassen Mehl auf einmal hinzu und rühren Sie es vorsichtig mit einer Gabel oder einem Essstäbchen um, bis es gerade vermischt ist.

☑ Die Käsestücke Stück für Stück mit zusätzlichem Mehl bestreichen; Tauchen Sie die Stücke gründlich in den Teig und werfen Sie sie dann schnell in heißes Öl.

☑ 2 bis 3 Minuten kochen lassen, dabei gelegentlich wenden, bis es goldbraun und knusprig ist. Nehmen Sie den Käse mit einem Schaumlöffel heraus und lassen Sie ihn auf Papiertüchern abtropfen. Warm halten, während Sie den Rest frittieren.

☑ Mit Salz bestreuen und sofort servieren.

17. Bouillabaisse-Häppchen

Macht: 24

ZUTATEN:
- 24 mittelgroße Garnelen, geschält und entdarmt
- 24 mittelgroße Jakobsmuscheln
- 2 Tassen Tomatensauce
- 1 Dose gehackte Muscheln (6-½ oz)
- 1 Esslöffel Pernod
- 20 Milliliter
- 1 Lorbeerblatt
- 1 Teelöffel Basilikum
- ½ Teelöffel Salz
- ½ Teelöffel frisch gemahlener Pfeffer
- Knoblauch, gehackt
- Safran

ANWEISUNGEN:
☑ Garnelen und Jakobsmuscheln auf 20 cm lange Bambusspieße aufspießen, jeweils 1 Garnele und 1 Jakobsmuschel pro Spieß; Wickeln Sie den Schwanz der Garnele um die Jakobsmuschel.

☑ Tomatensauce, Muscheln, Pernod, Knoblauch, Lorbeerblatt, Basilikum, Salz, Pfeffer und Safran in einem Topf vermischen. Mischung zum Kochen bringen.

☑ Den aufgespießten Fisch in einer flachen Auflaufform anrichten.

☑ Soße über die Spieße träufeln. Ohne Deckel 25 Minuten bei 350 Grad backen.

18. Safranrinde aus weißer Schokolade

ZUTATEN:
- 250 Gramm weiße Verbundschokolade
- 1 TL getrocknete Rosenblätter und grob zerstoßen
- 1/2 TL Safranfäden
- 2 EL gemahlene Nussmischung
- Kardamom, Fenchelsamen und Muskatnuss zu Pulver verarbeiten
- 1/2 TL weißer Mohn

ANWEISUNGEN:

a) Mit der Doppelkochmethode. Die Schokolade hacken und bei schwacher Hitze im Wasserbad schmelzen. Sie können es auch in die Mikrowelle stellen.

b) Nehmen Sie sich in der Zwischenzeit ein Pergamentpapier. Zeichnen Sie mit einem Bleistift ein großes Quadrat

c) Drehen Sie das Papier auf die andere Seite, Sie können den Umriss noch sehen

d) Sobald die Schokolade fertig ist, auf das Papier gießen. Gleichmäßig verteilen und darauf achten, dass es nicht zu dünn ist. Tippen Sie, um es gleichmäßig zu machen

e) Sobald alles fertig ist, streuen Sie schnell die Nussmischung, die Gewürzmischung, die trockenen Rosenblätter und den Safran darüber

f) Lassen Sie dies fest werden. Wenn die Markierungen der Rinde fast quadratisch sind.

g) Wenn sie vollständig fest sind, brechen Sie sie auf und legen Sie sie auf ein Tablett Ihrer Wahl oder bewahren Sie sie in einer luftdichten Dose auf

19. Garnelen in Safrancreme

Ergibt: 1 Portion

ZUTATEN:
1 Kilogramm Garnelen in der Schale
Gute Prise Safranfäden
450 ml Doppelrahm
150 ml Naturjoghurt; Crème Fraiche oder Sauerrahm
Kerbel; Schnittlauch oder Petersilie
Salz und Pfeffer
1 Teelöffel geriebene Orangen- oder Mandarinenschale; (1 bis 2)

ANWEISUNGEN:
Garnelen schälen und beiseite legen. Geben Sie die Schalen in einen Topf mit etwa 300 ml Wasser. 5-10 Minuten kochen lassen, abseihen und auf die Hälfte einkochen lassen.

Den Safran in 2 EL Muschelbrühe aufgießen. Sahne steif schlagen, Joghurt und Safranflüssigkeit unterheben und nochmals verquirlen. Kräuter und Garnelen unterrühren und mit Salz, Pfeffer und Orange abschmecken.

Als Vorspeise in einer „Tasse" Salat oder als Vorspeise in Chicoréeblättern servieren.

HAUPTKURS

20. Crockpot-Olivenhähnchen

Macht: 4

ZUTATEN:
- 2 Esslöffel Zitronenschale
- 2 Zwiebeln, in Scheiben geschnitten
- 3 Knoblauchzehen, gehackt
- ¼ Teelöffel Safranfäden, zerstoßen
- 4 Hähnchenschenkel
- 2 Tassen Hühnerbrühe
- ¼ Tasse Korianderblätter, gehackt
- 1 Esslöffel Zitronensaft
- ¼ Tasse Petersilienblätter, gehackt
- 1 Tasse Oliven, entkernt und in Scheiben geschnitten
- Schwarzer Pfeffer
- 2 Esslöffel Olivenöl
- ½ Teelöffel gemahlener Ingwer
- Salz

ANWEISUNGEN:
a) Hähnchen mit Salz, Pfeffer und Zitronensaft einreiben.
b) Das Hähnchen in heißem Öl etwa 4 Minuten pro Seite anbraten.
c) Die restlichen Zutaten außer den Kräutern hinzufügen und 1 Stunde lang auf niedriger Stufe kochen lassen.
d) Die Kräuter dazugeben und weitere 10 Minuten ohne Deckel kochen lassen.

21. Hähnchenbrust in Senf-Kräuter-Sauce

Macht: 4

ZUTATEN:
FÜR DAS HUHN:
- 2 große Hähnchenbrustfilets ohne Haut
- 2 Knoblauchzehen
- Rosmarin
- 2 Lorbeerblätter
- 25 g Butter
- Meersalz und Pfeffer

FÜR DIE SOSSE:
- 25 g Butter
- 1 kleine Zwiebel
- 2 kleine Knoblauchzehen
- 1 Esslöffel Mehl
- 50 ml Weißwein, trockener
- 250 ml Hühnerbrühe
- 5 Safranfäden
- 200ml Sahne
- Kräuter, gemischt, nach Wahl
- 1 Teelöffel Senf
- Lebensmittelstärke
- Zucker
- Zitronensaft
- Salz und Pfeffer
- 1 Scheibe Gouda, Mittelalter

ANWEISUNGEN:

a) Das Sous-Vide-Bad auf 65 °C vorheizen.

b) Hähnchenbrüste der Länge nach halbieren, sodass zwei kleine Schnitzel entstehen. Salzen, pfeffern und in einen Sous-Vide-Beutel geben. Den Knoblauch schälen und in Scheiben schneiden. Zusammen mit Rosmarin, Lorbeerblättern und Butter auf dem Fleisch verteilen. Alles absaugen und 30 Min. Im Wasserbad kochen.

c) Die Butter schmelzen und die fein gehackten Zwiebeln und den Knoblauch darin glasig dünsten. Mit Mehl bestäuben und mit Weißwein und Brühe ablöschen. Safran und alles hinzufügen und ca. 15 Min. köcheln lassen. bei schwacher Hitze köcheln lassen. Nehmen Sie das Fleisch aus dem Sous-Vide-Bad und dem Beutel und legen Sie es in eine Auflaufform.

d) Sahne, Kräuter und Senf in die Soße geben. Die Brühe aus dem Beutel durch ein feines Haarsieb in die Soße gießen, ggf. mit Speisestärke binden und mit Salz, Pfeffer, Zucker und Zitronensaft abschmecken. Wer möchte, kann die Kräuter auch erst ganz zum Schluss hinzufügen und die Soße vorher kurz pürieren.

e) Etwas Soße über das Fleisch gießen, es sollte nicht ganz bedeckt sein und ca. 7 – 8 Min. mit einer halben Käsescheibe bedeckt werden. bei voller Oberhitze garen.

f) Die restliche Soße zusätzlich servieren.

22. Lachs in Safran-Curry XE

Macht: 4

ZUTATEN:
- 4 Esslöffel Pflanzenöl
- 1 Zwiebel, fein gehackt
- Teelöffel Ingwer-Knoblauch-Paste
- ½ Teelöffel rotes Chilipulver
- ¼ Teelöffel Kurkumapulver
- Teelöffel Korianderpulver
- Speisesalz, nach Geschmack
- 1 Pfund Lachs, ohne Knochen und
- gewürfelt
- ½ Tasse Naturjoghurt, geschlagen
- 1 Teelöffel gerösteter Safran

ANWEISUNGEN:
a) Das Pflanzenöl in einer beschichteten Pfanne erhitzen.
b) Die Zwiebeln 4 Minuten lang anbraten, oder bis sie durchsichtig sind.
c) Nach Zugabe der Ingwer-Knoblauch-Paste 1 Minute kochen lassen.
d) Rotes Chilipulver, Kurkuma, Koriander und Salz untermischen.
e) Den Lachs 4 Minuten anbraten.
f) Reduzieren Sie die Hitze auf eine niedrige Stufe und rühren Sie den Joghurt ein.
g) Köcheln lassen, bis der Lachs vollständig gegart ist.
h) Den Safran gründlich untermischen.

23. Linguine und Garnelen-Scampi

Macht: 6

ZUTATEN:
- 1 Packung Linguine-Nudeln
- ¼ Tasse Butter
- 1 gehackte rote Paprika
- 5 gehackte Knoblauchzehen
- 45 rohe große Garnelen, geschält und entdarmt, ½ Tasse trockener Weißwein, ¼ Tasse Hühnerbrühe
- 2 Esslöffel Zitronensaft
- ¼ Tasse Butter
- 1 Teelöffel zerstoßene rote Paprikaflocken
- ½ Teelöffel Safran
- ¼ Tasse gehackte Petersilie
- Salz nach Geschmack

ANWEISUNGEN:
a) Kochen Sie die Nudeln gemäß den Anweisungen auf der Packung, was etwa 10 Minuten dauern sollte.
b) Lassen Sie das Wasser ab und stellen Sie es beiseite.
c) In einer großen Pfanne die Butter schmelzen.
d) Paprika und Knoblauch in einer Pfanne 5 Minuten anbraten.
e) Die Garnelen dazugeben und weitere 5 Minuten weiterbraten.
f) Legen Sie die Garnelen auf eine Platte, lassen Sie jedoch den Knoblauch und den Pfeffer in der Pfanne.
g) Weißwein, Brühe und Zitronensaft zum Kochen bringen.
h) Geben Sie die Garnelen mit weiteren 14 Tassen Wasser zurück in die Pfanne.
i) Die Paprikaflocken, Safran und Petersilie dazugeben und mit Salz abschmecken.
j) Nach dem Mischen mit den Nudeln 5 Minuten köcheln lassen.

24. Garnelen a la Plancha auf Safran-Allioli-Toast

Macht: 4

ZUTATEN:
ALLIOLI
- 1 große Prise Safran
- 1 großes Eigelb
- 1 Knoblauchzehe, fein gehackt
- 1 Teelöffel koscheres Salz
- 1 Tasse natives Olivenöl extra, vorzugsweise spanisches
- 2 Teelöffel Zitronensaft, bei Bedarf auch mehr

GARNELE
- Vier ½ Zoll dicke Scheiben Landbrot
- 2 Esslöffel hochwertiges natives Olivenöl extra, vorzugsweise spanisches
- 1½ Pfund Jumbo
- Peel-On-Garnelen mit 20 Stück
- Koscheres Salz
- 2 Zitronen halbiert
- 3 Knoblauchzehen, fein gehackt
- 1 Teelöffel frisch gemahlener schwarzer Pfeffer
- 1 Tasse trockener Sherry
- 2 Esslöffel grob gehackte glatte Petersilie

ANWEISUNGEN:

a) Aioli zubereiten: In einer kleinen Pfanne bei mittlerer Hitze den Safran 15 bis 30 Sekunden rösten, bis er spröde ist.

b) Auf einen kleinen Teller geben und mit der Rückseite eines Löffels zerdrücken. In eine mittelgroße Schüssel Safran, Eigelb, Knoblauch und Salz geben und kräftig verrühren, bis alles gut vermischt ist.

c) Beginnen Sie mit der Zugabe einiger Tropfen Olivenöl und rühren Sie zwischen den Zugaben gründlich um, bis die Aioli einzudicken beginnt. Geben Sie dann das restliche Öl in einem sehr langsamen und gleichmäßigen Strahl in die Mischung und verrühren Sie die Aioli, bis sie dick und cremig ist.

d) Den Zitronensaft hinzufügen, abschmecken und nach Bedarf mit mehr Zitronensaft und Salz abschmecken. In eine kleine Schüssel umfüllen, mit Plastikfolie abdecken und im Kühlschrank aufbewahren.

e) Machen Sie die Toasts: Stellen Sie einen Ofenrost auf die oberste Position und stellen Sie den Grill auf die höchste Stufe. Legen Sie die Brotscheiben auf ein Backblech mit Rand und bestreichen Sie beide Seiten des Brotes mit 1 Esslöffel Öl.

f) Das Brot etwa 45 Sekunden lang goldbraun rösten. Drehen Sie das Brot um und rösten Sie es auf der anderen Seite 30 bis 45 Sekunden länger (beobachten Sie den Grill genau, da die Intensität des Grills variiert). Nehmen Sie das Brot aus dem Ofen und legen Sie jede Scheibe auf einen Teller.

g) Die Garnelen in eine große Schüssel geben. Schneiden Sie mit einem Schälmesser einen flachen Schlitz entlang des gebogenen Rückens der Garnele, entfernen Sie die Ader (falls vorhanden) und lassen Sie die Schale intakt. Erhitzen Sie eine große Bratpfanne mit starkem Boden bei mittlerer bis hoher Hitze, bis sie fast raucht (1½ bis 2 Minuten).

h) Den restlichen 1 Esslöffel Öl und die Garnelen hinzufügen. Streuen Sie eine gute Prise Salz und den Saft einer halben Zitrone über die Garnelen und kochen Sie sie 2 bis 3 Minuten lang, bis sich die Garnelen zu kräuseln beginnen und die Ränder der Schale braun werden.

i) Drehen Sie die Garnelen mit einer Zange um, bestreuen Sie sie mit mehr Salz und dem Saft einer weiteren Zitronenhälfte und kochen Sie sie etwa 1 Minute länger, bis die Garnelen leuchtend rosa sind. Machen Sie eine Mulde in der Mitte der Pfanne und rühren Sie den Knoblauch und den schwarzen Pfeffer hinein. Sobald der Knoblauch duftet, geben Sie nach etwa 30 Sekunden den Sherry hinzu, lassen Sie ihn köcheln und rühren Sie die Knoblauch-Sherry-Mischung in die Garnelen.

j) Kochen Sie, rühren Sie um und schaben Sie die braunen Stücke vom Boden der Pfanne in die Soße. Den Herd ausschalten und den Saft einer weiteren Zitronenhälfte hineinpressen. Die restliche Zitronenhälfte in Spalten schneiden.

k) Bestreichen Sie die Oberseite jeder Brotscheibe mit einem großzügigen Löffel Safran-Aioli. Die Garnelen auf die Teller verteilen und über jede Portion etwas Soße gießen. Mit Petersilie bestreuen und mit Zitronenspalten servieren.

25. Bombay-Seeteufel

Macht: 1

ZUTATEN:
- 1 Pfund Seeteufel, gehäutet
- Milch zum Bedecken
- ¼ Pfund Garnelen geschält
- 2 Eier
- 3 Esslöffel Tomatenmark ½ Teelöffel Currypulver
- 2 Teelöffel Zitronensaft
- ¼ Teelöffel frischer Rosmarin, gehackt
- 1 Prise Safran oder Kurkuma ¾ Tasse helle Sahne
- Salz und Pfeffer nach Geschmack

ANWEISUNGEN:

a) Ofen auf 350F vorheizen. Legen Sie den Seeteufel in eine Pfanne, die gerade groß genug ist, um ihn aufzunehmen. Gießen Sie die Milch darüber und stellen Sie die Pfanne auf mäßige Hitze.

b) Zum Kochen bringen, abdecken und 8 Minuten kochen lassen. Den Fisch wenden und weitere 7 Minuten garen, oder bis der Fisch gar ist.

c) Wenn der Seeteufel fast fertig ist, fügen Sie die Garnelen hinzu und kochen Sie sie 2–3 Minuten lang oder bis sie rosa werden.

d) Fisch und Garnelen abgießen, Milch auffangen.

e) Den Seeteufel in mundgerechte Stücke schneiden. Die Eier mit Tomatenmark, Currypulver, Zitronensaft, Rosmarin, Safran und einer halben Tasse Sahne verquirlen.

f) Fisch und Garnelen untermischen und mit Salz und Pfeffer abschmecken.

g) In vier einzelne Auflaufförmchen formen und eine gleiche Menge der restlichen Sahne über jede Form gießen.

h) 20 Minuten backen oder bis es fest ist. Heiß mit einem Spritzer Zitrone und knusprigem französischem Brot servieren.

26. Safranlachs und Jasminreis

Macht: 2

ZUTATEN:
- 2 Wildlachsfilets, ohne Knochen
- Salz und schwarzer Pfeffer nach Geschmack
- ½ Tasse Jasminreis
- 1 Tasse Hühnerbrühe
- 1 Esslöffel Butter, geschmolzen
- ¼ Teelöffel Safran

ANWEISUNGEN:
a) Geben Sie alle Zutaten außer dem Fisch in eine Pfanne, die in Ihre Heißluftfritteuse passt. gut umrühren.
b) Legen Sie den Kuchen in die Heißluftfritteuse und garen Sie ihn 15 Minuten lang bei 180 °C.
c) Den Fisch hinzufügen, abdecken und weitere 12 Minuten bei 180 °C garen.
d) Alles auf Teller verteilen und sofort servieren.

27. Thunfisch mit Safran und Knoblauch

Ergibt: 4 Portionen

ZUTATEN:
- ½ Teelöffel Safranfäden
- 1 Esslöffel warmes Wasser
- 1½ Esslöffel Ghee oder Butter
- 1 Esslöffel Knoblauch, gehackt
- 1½ Pfund Thunfischfilets, gewürfelt
- Petersilien- oder Korianderzweige und Zitronenspalten zum Garnieren

ANWEISUNGEN:
a) Safranfäden und Wasser in einer Schüssel vermischen und 10 Minuten einweichen.
b) Butter in einer kleinen Pfanne bei mittlerer bis niedriger Hitze erhitzen. Den Knoblauch goldbraun kochen.
c) Lassen Sie die Butter in eine große Schüssel abtropfen und lassen Sie die Knoblauchstücke in der Pfanne. Wenn die Butter abgekühlt ist, fügen Sie den Safran, die Einweichflüssigkeit und Salz nach Geschmack hinzu.
d) Den Fisch in dieser Mischung wenden, bis jedes Stück gut bedeckt ist. Den Fisch in eine mit Alufolie ausgelegte Backform legen.
e) Backen, bis der Fisch gerade noch durchsichtig ist, etwa 12 bis 15 Minuten bei 350 °C. Lassen Sie den Saft aus der Backform mit dem Knoblauch in die Pfanne abtropfen.
f) Schalten Sie den Grill ein und grillen Sie den Fisch, bis die Oberseite leicht gebräunt ist. Legen Sie den Fisch auf eine warme Servierplatte.
g) Reduzieren Sie die Sauce, indem Sie die Pfanne mit der Flüssigkeit und dem Knoblauch auf mittlere bis hohe Hitze stellen. Unter häufigem Rühren einige Minuten kochen lassen.
h) Wenn die Flüssigkeit leicht eindickt, gießen Sie sie über den Fisch.
i) Mit Zitronensaft beträufeln und mit Koriander/Petersilie garnieren und servieren.

28. Mit Mandeln und Safran gekochtes Ziegenbaby

Ergibt: 4 Portionen

ZUTATEN:
- 1 Esslöffel Butter
- ½ Tasse Ganze blanchierte Mandeln
- Großzügige Prise Safranfäden
- 2 bis 3 Unzen Pancetta, in 2 dicken Scheiben, gewürfelt
- 1 Pfund Babyziegenfleisch, aus der Keule geschnitten
- 1 Zwiebel, fein gehackt
- 2 große Knoblauchzehen, gehackt
- 3 reife Tomaten, geschält, entkernt und gehackt
- Salz und Pfeffer
- ½ Teelöffel getrockneter Thymian
- 1 Lorbeerblatt
- 4 mittelgroße rostrote Kartoffeln, geschält und in Achtel geschnitten

ANWEISUNGEN:
a) Butter in einer beschichteten Pfanne erhitzen und Mandeln darin anbraten, bis sie leicht gebräunt sind. In die Schüssel einer Küchenmaschine geben, Safran hinzufügen und fein zermahlen verarbeiten. Beiseite legen.
b) In derselben Pfanne den Pancetta anbraten, bis er leicht gar ist, und in einen schweren Topf geben. Das Fleisch in 2 Portionen anbraten und zur Pancetta geben.
c) Die Zwiebeln darin goldbraun anbraten und bei Bedarf noch etwas Butter hinzufügen.
d) Zum Fleisch geben und Knoblauch, Tomaten, Mandel-Safran-Mischung, Thymian und Lorbeerblatt unterrühren. Mit Salz und Pfeffer abschmecken. Fügen Sie gerade so viel Wasser hinzu, dass es knapp bedeckt ist.
e) Zum Kochen bringen, Hitze reduzieren und die Pfanne teilweise abdecken. 1 Stunde köcheln lassen, oder bis das Fleisch fast gar ist.
f) Fügen Sie die Kartoffeln hinzu, schieben Sie sie unter das Fleisch und kochen Sie sie weitere 15 Minuten lang, bis sie weich sind.

29. Rinderfilet auf Kürbis-Safran-Peitsche

Ergibt: 1 Portion

ZUTATEN:
- 200 Gramm Rinderaugenfilet
- 200 Gramm geschälter Kürbis
- 4 Fäden Safran; (4 bis 5)
- 120 ml Rinderjus
- 1 Teelöffel grüne Pfefferkörner
- Salz und Pfeffer

ANWEISUNGEN:
a) Um Kürbischips zuzubereiten, schälen Sie die Kürbisstreifen. Öl auf 180 °C erhitzen. und den Kürbis frittieren, bis er goldbraun ist. Beiseite legen.
b) Den restlichen Kürbis in Stücke schneiden und in einem Topf kochen.
c) In einer heißen Pfanne das Augenfilet von allen Seiten anbraten. Legen Sie das Fleisch für etwa 20 Minuten bei 200 °C in den Ofen. für ein mittleres Steak. Wenn die Pfanne nicht ofenfest ist, legen Sie das Fleisch auf ein Backblech.
d) Wenn der Kürbis weich ist, zerstampfen Sie ihn mit Safran. Mit Salz und Pfeffer abschmecken.
e) Den Brei auf einen Teller geben und mit dem Rindfleisch belegen. In die gleiche Pfanne Jus und Pfefferkörner geben und etwas einkochen lassen.
f) Über das Rindfleisch gießen und mit Kürbischips garnieren.

30. Mit Safran gebackene Lammkeule

Ergibt: 6 Portionen

ZUTATEN:
- 1½ Kilogramm Lammkeule
- 1 Teelöffel Safranfäden
- 450 ml Boling-Wasser
- 300 Milliliter Naturjoghurt
- 2 Teelöffel Salz
- ½ Teelöffel gemahlener schwarzer Pfeffer
- 6 Knoblauchzehen, zerdrückt
- 6 grüne Chilis, gehackt
- 25 Gramm Butter

ANWEISUNGEN:

a) Den Safran zerstoßen und mit dem kochenden Wasser vermischen. Beiseite legen. Schneiden Sie das gesamte Fett von der Lammkeule ab.

b) Joghurt, Salz, Pfeffer, Knoblauch und Chilis mit einem Viertel des Safrans vermischen. Bestreichen Sie die Lammkeule mit dieser Mischung und der Butter und wickeln Sie sie dann in Kochfolie ein, um den gesamten Saft zu umschließen.

c) In einem mäßig heißen Ofen (200 °C, 400 °F, Gas 6) 1 Stunde lang backen.

d) Wickeln Sie die Folie ab und gießen Sie ein weiteres Viertel des Safrans über das Fleisch.

e) Weitere 15 Minuten weitergaren, wiederum in Folie eingewickelt. Öffnen Sie die Folie und backen Sie es für weitere 20 Minuten. Kurz vor dem Servieren den restlichen Safran über das Fleisch gießen.

31. Paella mit Hühnchen, Garnelen und Chorizo

ZUTATEN:
- ½ Teelöffel Safranfäden, zerstoßen
- 2 Esslöffel Olivenöl
- 1 Pfund Hähnchenschenkel ohne Haut und Knochen, in 5 cm große Stücke geschnitten
- 4 Unzen gekochte, geräucherte Chorizo-Wurst nach spanischer Art, in Scheiben geschnitten
- 1 mittelgroße Zwiebel, gehackt
- 4 Knoblauchzehen, gehackt
- 1 Tasse grob geriebene Tomaten
- 1 Esslöffel geräucherter süßer Paprika
- 6 Tassen natriumreduzierte Hühnerbrühe
- 2 Tassen spanischer Rundkornreis, wie Bomba, Calasparra oder Valencia
- 12 große Garnelen, geschält und entdarmt
- 8 Unzen gefrorene Erbsen, aufgetaut
- Gehackte grüne Oliven (optional)
- Gehackte italienische Petersilie

ANWEISUNGEN:

a) In einer kleinen Schüssel Safran und 1/4 Tasse heißes Wasser vermischen; 10 Minuten stehen lassen.

b) In der Zwischenzeit in einer 15-Zoll-Paella-Pfanne Öl bei mittlerer bis hoher Hitze erhitzen. Hähnchen in die Pfanne geben. Unter gelegentlichem Wenden kochen, bis das Huhn gebräunt ist, etwa 5 Minuten. Chorizo hinzufügen. Noch 1 Minute kochen lassen. Alles auf einen Teller geben. Zwiebel und Knoblauch in die Pfanne geben. 2 Minuten kochen und umrühren. Tomaten und Paprika hinzufügen. Weitere 5 Minuten kochen und umrühren, bis die Tomaten eingedickt und fast pastös sind.

c) Hähnchen und Chorizo wieder in die Pfanne geben. Hühnerbrühe, Safranmischung und 1/2 Teelöffel Salz hinzufügen; bei starker Hitze zum Kochen bringen. Geben Sie den Reis in die Pfanne und rühren Sie ihn einmal um, um ihn gleichmäßig zu verteilen. Ohne Rühren kochen, bis der Reis den größten Teil der Flüssigkeit aufgesogen hat, etwa 12 Minuten. (Wenn Ihre Pfanne größer als Ihr Brenner ist, drehen Sie sie alle paar Minuten, um sicherzustellen, dass der Reis gleichmäßig kocht.) Reduzieren Sie die Hitze auf einen niedrigen Wert. Ohne Rühren weitere 5 bis 10 Minuten kochen, bis die gesamte Flüssigkeit aufgesogen ist und der Reis al dente ist. Mit Garnelen und Erbsen belegen. Stellen Sie die Hitze auf hoch. Ohne Rühren weitere 1 bis 2 Minuten garen (die Ränder sollten trocken aussehen und sich am Boden eine Kruste bilden). Entfernen. Pfanne mit Folie abdecken. Vor dem Servieren 10 Minuten ruhen lassen. Nach Belieben mit Oliven und Petersilie belegen.

32. **Brauner Reisrisotto**

Ergibt: 4 Portionen

ZUTATEN:
- 1 Esslöffel natives Olivenöl extra
- 2 Knoblauchzehen, gehackt
- 1 Tomate, gehackt
- 3 Handvoll Babyspinat
- 1 Tasse Champignons, gehackt
- 2 Tassen Brokkoliröschen
- Salz und Pfeffer nach Geschmack
- 2 Tassen gekochter brauner Reis
- Eine Prise Safran

DIENEN
- Geriebener Parmesan
- Rote Chiliflocken

ANWEISUNGEN:
a) Das Öl in einer Pfanne bei mittlerer Hitze erhitzen.
b) Den Knoblauch anbraten, bis er anfängt, goldbraun zu werden.
c) Tomaten, Spinat, Pilze und Brokkoli zusammen mit Salz und Pfeffer untermischen; kochen, bis das Gemüse weich ist.
d) Reis und Safran unterrühren und den Gemüsesaft in den Reis einziehen lassen.
e) Warm oder kalt servieren, mit Parmesan und Paprikaflocken.

33. **Olivenhähnchen**

Macht: 4

ZUTATEN:
- 4 Hähnchenschenkel
- 1 Esslöffel Zitronensaft
- 2 Esslöffel Olivenöl
- 2 Zwiebeln, in dünne Scheiben geschnitten
- 2 Esslöffel Zitronenschale, gerieben
- 1 Tasse Oliven, entkernt und in Scheiben geschnitten
- 3 Knoblauchzehen, zerdrückt
- ½ Teelöffel gemahlener Ingwer
- ¼ Teelöffel Safranfäden, zerstoßen
- 1½ Tassen Hühnerbrühe
- ¼ Tasse frische Petersilienblätter, gehackt
- ¼ Tasse frische Korianderblätter, gehackt
- Salz
- Gemahlener schwarzer Pfeffer

ANWEISUNGEN:

a) Zitronensaft über das Hähnchen träufeln und mit Salz und schwarzem Pfeffer bestreuen.

b) In einem großen holländischen Ofen das Öl bei starker Hitze erhitzen und die Hähnchenschenkel auf jeder Seite etwa 4 bis 6 Minuten anbraten.

c) Die restlichen Zutaten, ohne die Kräuter, zum Kochen bringen.

d) Auf mittlere bis niedrige Hitze reduzieren und etwa 1 Stunde und 15 Minuten kochen lassen.

e) Die Kräuter einrühren und weitere 15 Minuten köcheln lassen.

f) Sofort servieren.

34. Safran-Hühnerfladenbrot mit Minzjoghurt

Macht: 2

ZUTATEN:
- Prise Safran
- 1 Esslöffel kochendes Wasser
- 500 g Hähnchenschenkel ohne Knochen und Haut
- 2 Knoblauchzehen, geschält und zerdrückt
- 1 Teelöffel Thymianblätter
- Schale von 1 Zitrone
- 4 Esslöffel griechischer Joghurt
- 1 rote Zwiebel, geschält und in 8 Spalten geschnitten
- 2 Fladenbrote
- 2 große Handvoll gemischte Salatblätter
- 140g Kirschtomaten, halbiert
- 2 Esslöffel knusprige Röstzwiebeln (im Supermarkt erhältlich), zum Servieren (optional)
- Für den Minzjoghurt
- 150g griechischer Joghurt
- Kleine Handvoll Minzblätter, fein gehackt
- Zitronensaft nach Geschmack

ANWEISUNGEN:

a) 4 Bambusspieße mindestens 30 Minuten in Wasser einweichen. Den Backofen auf 240 °C/220 °C Umluft/Gas 9 vorheizen.

b) Den Safran mit Stößel und Mörser zu Pulver zermahlen, dann mit kochendem Wasser bedecken und ruhen lassen.

c) Das Hähnchen in 5 cm große Stücke schneiden und mit Knoblauch, Thymian, Zitronenschale und Joghurt in eine Schüssel geben. Mit Salz und Pfeffer würzen, das Safranwasser hinzufügen und gut vermischen.

d) Die Hähnchenstücke abwechselnd mit der roten Zwiebel auf die Spieße stecken. Auf ein antihaftbeschichtetes Bratblech legen und auf der hohen Schiene 12 Minuten im Ofen backen.

e) In der Zwischenzeit den Minzjoghurt zubereiten. Den Joghurt mit der Minze verrühren, mit Zitronensaft abschmecken und mit etwas Salz und Pfeffer abschmecken. Beiseite stellen, bis es benötigt wird.

f) Legen Sie die Fladenbrote auf ein Backblech und stellen Sie sie auf den Boden des Ofens, um sie einige Minuten lang zu erwärmen.

g) Den Grill vorheizen. Wenn das Hähnchen 12 Minuten gegart hat, legen Sie es unter den Grill und garen Sie es weitere 3–4 Minuten, bis es goldbraun und durchgegart ist.

h) Legen Sie die Fladenbrote auf Teller und verteilen Sie etwas Minzjoghurt in der Mitte. Jeweils eine Handvoll Salatblätter dazugeben und die Tomaten darauf verteilen. Die gekochten Spieße darauf legen und zum Servieren mit Röstzwiebeln bestreuen.

35. Risotto mit Zitronen- und Erbsenranken

Ergibt: 6 Portionen

ZUTATEN:
- 3 Knoblauchzehen
- 2 Unzen Erbsenranken
- 1 Zitrone
- 1 rote Paprika
- 1 gelbe Zwiebel
- 1 Tasse Bomba-Reis
- 3 Esslöffel Gemüse-Demi-Glace
- 1 Prise Safran
- ⅓ Tasse geriebener Parmesankäse
- 2 Esslöffel Butter
- ¼ Tasse Erbsensprossen Microgreens

ANWEISUNGEN:
- ☑ 2 Esslöffel Olivenöl in einem Topf bei mäßiger Hitze erhitzen, bis es heiß ist. Knoblauch und Zwiebel hinzufügen.
- ☑ Gewürfelten Pfeffer hinzufügen und mit Salz und Pfeffer würzen.
- ☑ Unter häufigem Rühren 3 bis 5 Minuten kochen lassen, bis es weich und aromatisch ist.
- ☑ In einem Topf Gemüse-Demi-Glace, Safran, Zitronenschale, den Saft einer Zitronenscheibe und Wasser vermengen und aufkochen.
- ☑ Wenn das Wasser kocht, Risotto hinzufügen und 14 bis 16 Minuten kochen lassen, dabei regelmäßig umrühren.
- ☑ Nehmen Sie das Risotto aus der Pfanne und geben Sie den Parmesankäse, die gehackten Erbsenranken und die Butter hinein. Mit Salz und Pfeffer abschmecken.
- ☑ Rühren, bis alles vollständig vermischt ist.
- ☑ Kurz vor dem Servieren die ganzen Erbsenranken mit dem Saft einer Zitronenscheibe und 1 Teelöffel Olivenöl in eine Schüssel geben.
- ☑ Mit den restlichen 2 Zitronenschnitzen und Microgreens garnieren.

36. Risotto mit braunem Reis und Pilzen

Ergibt: 4 Portionen

ZUTATEN:
- 1 Esslöffel natives Olivenöl extra
- 2 Knoblauchzehen, gehackt
- 1 Tomate, gehackt
- 3 Handvoll Babyspinat
- 1 Tasse Champignons, gehackt
- 2 Tassen Brokkoliröschen
- Salz und Pfeffer nach Geschmack
- 2 Tassen gekochter brauner Reis
- Eine Prise Safran

DIENEN
- Geriebener Parmesan
- Rote Chiliflocken

ANWEISUNGEN:
- ☑ Das Öl in einer Pfanne bei mittlerer Hitze erhitzen.
- ☑ Den Knoblauch anbraten, bis er anfängt, goldbraun zu werden.
- ☑ Tomaten, Spinat, Pilze und Brokkoli zusammen mit Salz und Pfeffer untermischen; kochen, bis das Gemüse weich ist.
- ☑ Reis und Safran unterrühren und den Gemüsesaft in den Reis einziehen lassen.
- ☑ Warm oder kalt servieren, mit Parmesan und Paprikaflocken.

37. Gemüse-Paella

Ergibt: 4 Portionen

ZUTATEN:
- 2 Esslöffel Olivenöl
- 2 mittelgroße Karotten, in ¼-Zoll-Scheiben geschnitten
- 1 Sellerierippe, in ¼-Zoll-Scheiben geschnitten
- 1 mittelgroße gelbe Zwiebel, gehackt
- 1 mittelgroße rote Paprika, in ½-Zoll-Würfel geschnitten
- 3 Knoblauchzehen, gehackt
- 8 Unzen grüne Bohnen, geputzt und in 1-Zoll-Stücke geschnitten
- 1½ Tassen gekochte dunkelrote Kidneybohnen
- 14,5-Unzen-Dose gewürfelte Tomaten, abgetropft
- 2½ Tassen Gemüsebrühe, selbstgemacht
- ½ Teelöffel getrockneter Majoran
- ½ Teelöffel zerstoßener roter Pfeffer
- ½ Teelöffel gemahlener Fenchelsamen
- ¼ Teelöffel Safran oder Kurkuma
- ¾ Tasse Langkornreis
- 2 Tassen Austernpilze, leicht abgespült und trocken getupft
- 14-Unzen-Dose Artischockenherzen, abgetropft und geviertelt

ANWEISUNGEN:
- ☑ In einem großen Topf das Öl bei mittlerer Hitze erhitzen. Karotten, Sellerie, Zwiebel, Paprika und Knoblauch hinzufügen. Abdecken und 10 Minuten kochen lassen.
- ☑ Grüne Bohnen, Kidneybohnen, Tomaten, Brühe, Salz, Oregano, zerstoßene rote Paprika, Fenchelsamen, Safran und Reis hinzufügen. Abdecken und 30 Minuten köcheln lassen.
- ☑ Pilze und Artischockenherzen unterrühren. Abschmecken, Gewürze anpassen und bei Bedarf mehr Salz hinzufügen. Abdecken und weitere 15 Minuten köcheln lassen. Sofort servieren.

38. Blumenkohlrisotto mit Safran

Ergibt: 1 Portion

ZUTATEN:
- 4 Unzen ungesalzene Butter
- 1¼ Tasse fein gehackte Zwiebel
- 2¼ Tasse Arborio-Reis
- 1 Teelöffel Safranfäden
- 9 Tassen leichte, kochende Hühnerbrühe
- 4 Tassen kleine Blumenkohlröschen, jedes so breit wie ein Daumennagel
- ¾ Tasse Frisch geriebener Parmigiano-Reggiano

ANWEISUNGEN:
- ☑ 2 Unzen Butter bei mittlerer Hitze in einem großen, schweren Suppentopf schmelzen. Die gehackte Zwiebel dazugeben und unter gelegentlichem Rühren etwa 7 Minuten anbraten, bis die Zwiebel weich und goldbraun ist. Den Arborio-Reis hinzufügen. Gut umrühren, um den Reis mit der Butter zu überziehen. Mit den Safranfäden bestreuen. Unter Rühren eine Minute kochen lassen.
- ☑ Stellen Sie die Hitze auf mittelhoch. Fügen Sie 2 Tassen Hühnerbrühe hinzu (oder genug, um den Reis gerade zu bedecken). Ständig umrühren. Wenn der größte Teil der Brühe aufgesogen ist, den Blumenkohl hinzufügen und gut umrühren. Wenn die gesamte kochende Brühe aufgesogen ist, fügen Sie etwa eine halbe Tasse weitere kochende Brühe hinzu und rühren Sie, bis die Brühe aufgesogen ist. Wiederholen Sie diesen Vorgang, bis der Reis al dente ist. Insgesamt benötigen Sie zwischen 9 und 12 Tassen Brühe.
- ☑ Die restliche Butter zusammen mit dem frisch geriebenen Parmigiano-Reggiano unter den Reis rühren. Passen Sie die Textur mit zusätzlicher Brühe an. Nach Geschmack abschmecken und heiß auf einer großen Platte auf vorgewärmten Tellern servieren.

39. Schwarze Bohnen mit Safranreis

Ergibt: 8 Portionen

ZUTATEN:
- 2 Tassen schwarze Bohnen
- 4 Tassen Wasser
- 1 Zwiebel, halbiert
- 3 Lorbeerblätter
- 6 Knoblauchzehen, ganz
- 2 Tassen Reis
- ⅓ Teelöffel Safran
- 6 Tomaten, entkernt und gehackt
- 2 Tassen Zwiebeln, gehackt
- 6 Esslöffel Olivenöl
- 2 Esslöffel Weinessig
- 1 Teelöffel gemahlener Kreuzkümmel
- ¼ Teelöffel Cayennepfeffer
- 4 Esslöffel frisches Basilikum oder Petersilie
- Schwarzer Pfeffer

ANWEISUNGEN:

☑ Bohnen abspülen und sortieren. In einen großen, schweren Topf mit Deckel geben. Mit 4 Tassen Wasser bedecken. Zum Kochen bringen, abdecken und vom Herd nehmen. 2 Stunden stehen lassen.

☑ Die halbierten Zwiebeln, Lorbeerblätter und Knoblauch zu den Bohnen geben. Bei schwacher Hitze erhitzen und zugedeckt kochen, bis die Bohnen weich sind; etwa 1 ½ bis 2 Stunden. Überprüfen Sie das Wasser und fügen Sie bei Bedarf während des Kochens mehr hinzu.

☑ Entfernen Sie die Zwiebel, die Lorbeerblätter und die Knoblauchzehen und werfen Sie sie weg. Bohnen warm halten.

☑ Bereiten Sie die Beilage etwa 1 Stunde vor dem Servieren vor. Tomaten und Zwiebeln in eine Servierschüssel geben. Fügen Sie nach Belieben Olivenöl, Essig, Kreuzkümmel, Cayennepfeffer, Petersilie oder Basilikum und schwarzen Pfeffer hinzu. Zum Mischen umrühren.

☑ Bringen Sie 4 Tassen Wasser in einem schweren Topf mit dicht schließendem Deckel zum Kochen. Den Reis und die Safranfäden hinzufügen (nicht zu viel Safran verwenden). Gut umrühren, abdecken, Hitze reduzieren und 20 Minuten köcheln lassen, bis der Reis das gesamte Wasser aufgesogen hat.

☑ Zum Servieren Reis, schwarze Bohnen und Garnitur in separate Schüsseln geben. Die Gäste können sich selbst bedienen, indem sie eine Portion Reis mit den Bohnen und zum Schluss die Beilage auf ihren Tellern anrichten.

40. Safran-Tagliatelle mit Frühlingsgemüse

Ergibt: 1 Portion

ZUTATEN:
- Safranstaubblätter
- 280 Gramm Mehl
- 1 Teelöffel Salz
- 1 Esslöffel natives Olivenöl extra
- 1 Ei
- 4 Eigelb
- 30 Gramm Pinienkerne
- 3 Zweige frischer Rosmarin
- 180 Gramm kleine Zucchini
- 120 Gramm Frühlingszwiebeln
- 60 Gramm Mange tout
- 1 Esslöffel Olivenöl
- 300 ml Doppelcreme
- 120 Gramm kleine Saubohnen; geschältes Gewicht
- 120 Gramm Spargelspitzen
- Salz und gemahlener schwarzer Pfeffer
- Frischer Schnittlauch; gehackt
- Schnittlauchblüten und Rosmarin zum Garnieren

ANWEISUNGEN:

☑ Safran-Tagliatelle zubereiten. Geben Sie eine Prise Safranstaubblätter in eine kleine Schüssel und fügen Sie 3 Esslöffel kochendes Wasser hinzu. Abkühlen lassen, um Farbe und Geschmack zu verleihen.

☑ Durch ein feines Sieb passieren.

☑ Mehl und Salz in eine Küchenmaschine geben und Öl, Ei und Eigelb hinzufügen. Starten Sie den Motor und geben Sie nach und nach Safranaufguss durch den Einfüllstutzen hinzu. Beenden Sie die Verarbeitung, sobald der Teig zusammenhält.

☑ Den Teig auf eine leicht bemehlte Arbeitsfläche geben und kneten, bis er glänzend und glatt ist. In Folie oder Plastikfolie einwickeln und mindestens eine Stunde kalt stellen.

☑ Den Teig halbieren und jedes Stück sehr dünn ausrollen. In etwa 60 cm lange Streifen schneiden. Leicht trocknen und dann in Tagliatelle schneiden. Wenn Sie einen Nudelroller haben, rollen Sie den Teig auf Stufe 6 aus und schneiden Sie ihn dann in Tagliatelle. Trockene Streifen auf Rollbrettern oder einem neuen Besenstiel.

☑ Bereiten Sie Frühlingsgemüsesauce zu. Pinienkerne unter einem heißen Grill oder in einer schweren, trockenen Bratpfanne goldbraun rösten. Rosmarin hacken. Zucchini in Scheiben schneiden. Frühlingszwiebeln putzen, aber ganz lassen. Kopf- und Schwanzräude tout. Einen großen Topf mit Salzwasser zum Kochen bringen und einen Esslöffel Olivenöl hinzufügen. Rosmarin und Sahne in eine große Pfanne geben. Zum Kochen bringen und leicht reduzieren. Saubohnen und Spargelspitzen hinzufügen und 30 Sekunden kochen lassen. Frühlingszwiebeln, Zucchiniringe und Zuckerschoten dazugeben. Weitere 30 Sekunden kochen lassen.

☑ Pinienkerne unterrühren. Geben Sie die Tagliatelle in einen Topf mit kochendem Wasser, lassen Sie es erneut aufkochen und kochen Sie es nur dreißig Sekunden lang. Abgießen, abspülen und zu Gemüse und Sahne geben.

☑ Abschmecken und erhitzen. Sofort servieren, garniert mit gehacktem frischem Schnittlauch, Schnittlauchblüten und einem Zweig Rosmarin.

41. Saffrauf Reis mit Berberitzen, Pistazien und gemischten Kräutern

Macht: 6

ZUTATEN:

2½ EL / 40 g ungesalzene Butter

2 Tassen / 360 g Basmatireis, unter kaltem Wasser abgespült und gut abtropfen lassen

2⅓ Tassen / 560 ml kochendes Wasser

1 TL Safranfäden, 30 Minuten in 3 EL kochendem Wasser eingeweicht

¼ Tasse / 40 g getrocknete Berberitzen, einige Minuten in kochendem Wasser mit einer Prise Zucker eingeweicht

1 oz / 30 g Dill, grob gehackt

⅔ oz / 20 g Kerbel, grob gehackt

⅓ oz / 10 g Estragon, grob gehackt

½ Tasse / 60 g gesplitterte oder zerstoßene ungesalzene Pistazien, leicht geröstet

Salz und frisch gemahlener weißer Pfeffer

ANWEISUNGEN:

Die Butter in einem mittelgroßen Topf schmelzen und den Reis einrühren. Dabei darauf achten, dass die Körner gut mit Butter bedeckt sind. Fügen Sie kochendes Wasser, 1 Teelöffel Salz und etwas weißen Pfeffer hinzu. Gut vermischen, mit einem dicht schließenden Deckel abdecken und bei sehr schwacher Hitze 15 Minuten kochen lassen. Lassen Sie sich nicht dazu verleiten, die Pfanne aufzudecken; Sie müssen den Reis richtig dämpfen lassen.

Nehmen Sie den Reistopf vom Herd – der Reis hat dann das gesamte Wasser aufgesogen – und gießen Sie das Safranwasser über eine Seite des Reises, sodass etwa ein Viertel der Oberfläche bedeckt ist und der größte Teil davon weiß bleibt. Decken Sie die Pfanne sofort mit einem Geschirrtuch ab und verschließen Sie sie wieder fest mit dem Deckel. 5 bis 10 Minuten ruhen lassen.

Mit einem großen Löffel den weißen Teil des Reises in eine große Rührschüssel geben und mit einer Gabel auflockern. Die Berberitzen abtropfen lassen und unterrühren, gefolgt von den Kräutern und den meisten Pistazien, einige davon zum Garnieren übrig lassen. Gut mischen. Den Safranreis mit einer Gabel auflockern und vorsichtig unter den weißen Reis heben. Mischen Sie nicht zu viel – Sie möchten nicht, dass die weißen Körner durch die gelben verfärbt werden. Abschmecken und nachwürzen. Geben Sie den Reis in eine flache Servierschüssel und streuen Sie die restlichen Pistazien darüber. Warm oder bei Zimmertemperatur servieren.

42. Saubohnen-Kuku

Macht: 6

ZUTATEN:
1 Pfund / 500 g Ackerbohnen, frisch oder gefroren
5 EL / 75 ml kochendes Wasser
2 EL feinster Zucker
5 EL / 45 g getrocknete Berberitzen
3 EL Sahne
¼ TL Safranfäden
2 EL kaltes Wasser
5 EL Olivenöl
2 mittelgroße Zwiebeln, fein gehackt
4 Knoblauchzehen, zerdrückt
7 große Eier aus Freilandhaltung
1 EL Allzweckmehl
½ TL Backpulver
1 Tasse / 30 g Dill, gehackt
½ Tasse / 15 g Minze, gehackt
Salz und frisch gemahlener schwarzer Pfeffer

ANWEISUNGEN:

Heizen Sie den Ofen auf 350 °F / 180 °C vor. Die Ackerbohnen mit reichlich kochendem Wasser in einen Topf geben. 1 Minute köcheln lassen, abtropfen lassen, unter kaltem Wasser abschrecken und beiseite stellen.

Gießen Sie 5 EL / 75 ml kochendes Wasser in eine mittelgroße Schüssel, fügen Sie den Zucker hinzu und rühren Sie um, bis er sich auflöst. Sobald der Sirup lauwarm ist, geben Sie die Berberitzen hinzu, lassen Sie sie etwa 10 Minuten lang stehen und lassen Sie sie dann abtropfen.

Sahne, Safran und kaltes Wasser in einem kleinen Topf zum Kochen bringen. Sofort vom Herd nehmen und 30 Minuten ziehen lassen.

Erhitzen Sie 3 Esslöffel Olivenöl bei mittlerer Hitze in einer antihaftbeschichteten, ofenfesten Bratpfanne mit einem Durchmesser von 25 cm (10 Zoll), für die Sie einen Deckel haben. Fügen Sie die Zwiebeln hinzu und kochen Sie sie etwa 4 Minuten lang unter gelegentlichem Rühren. Fügen Sie dann den Knoblauch hinzu und kochen und rühren Sie weitere 2 Minuten lang. Die Ackerbohnen einrühren und beiseite stellen.

Die Eier in einer großen Rührschüssel gut schaumig schlagen. Mehl, Backpulver, Safrancreme, Kräuter, 1½ Teelöffel Salz und ½ Teelöffel Pfeffer hinzufügen und gut verrühren. Zum Schluss die Berberitzen und die Ackerbohnen-Zwiebel-Mischung unterrühren.

Wischen Sie die Bratpfanne sauber, fügen Sie das restliche Olivenöl hinzu und stellen Sie es 10 Minuten lang in den Ofen, um es gut zu erhitzen. Gießen Sie die Eiermischung in die heiße Pfanne, decken Sie sie ab und backen Sie sie 15 Minuten lang. Den Deckel abnehmen und weitere 20 bis 25 Minuten backen, bis die Eier gerade fest sind. Aus dem Ofen nehmen und 5 Minuten ruhen lassen, bevor es auf eine Servierplatte gestürzt wird. Warm oder bei Zimmertemperatur servieren.

43. Safranreis mit Berberitzen, Pistazien und gemischten Kräutern

Macht: 6

ZUTATEN:

2½ EL / 40 g ungesalzene Butter

2 Tassen / 360 g Basmatireis, unter kaltem Wasser abgespült und gut abtropfen lassen

2⅓ Tassen / 560 ml kochendes Wasser

1 TL Safranfäden, 30 Minuten in 3 EL kochendem Wasser eingeweicht

¼ Tasse / 40 g getrocknete Berberitzen, einige Minuten in kochendem Wasser mit einer Prise Zucker eingeweicht

1 oz / 30 g Dill, grob gehackt

⅔ oz / 20 g Kerbel, grob gehackt

⅓ oz / 10 g Estragon, grob gehackt

½ Tasse / 60 g gesplitterte oder zerstoßene ungesalzene Pistazien, leicht geröstet

Salz und frisch gemahlener weißer Pfeffer

ANWEISUNGEN:

Die Butter in einem mittelgroßen Topf schmelzen und den Reis einrühren. Dabei darauf achten, dass die Körner gut mit Butter bedeckt sind. Fügen Sie kochendes Wasser, 1 Teelöffel Salz und etwas weißen Pfeffer hinzu. Gut vermischen, mit einem dicht schließenden Deckel abdecken und bei sehr schwacher Hitze 15 Minuten kochen lassen. Lassen Sie sich nicht dazu verleiten, die Pfanne aufzudecken; Sie müssen den Reis richtig dämpfen lassen.

Nehmen Sie den Reistopf vom Herd – der Reis hat dann das gesamte Wasser aufgesogen – und gießen Sie das Safranwasser über eine Seite des Reises, sodass etwa ein Viertel der Oberfläche bedeckt ist und der größte Teil davon weiß bleibt. Decken Sie die Pfanne sofort mit einem Geschirrtuch ab und verschließen Sie sie wieder fest mit dem Deckel. 5 bis 10 Minuten ruhen lassen.

Mit einem großen Löffel den weißen Teil des Reises in eine große Rührschüssel geben und mit einer Gabel auflockern. Die Berberitzen abtropfen lassen und unterrühren, gefolgt von den Kräutern und den meisten Pistazien, einige davon zum Garnieren übrig lassen. Gut mischen. Den Safranreis mit einer Gabel auflockern und vorsichtig unter den weißen Reis heben. Mischen Sie nicht zu viel – Sie möchten nicht, dass die weißen Körner durch die gelben verfärbt werden. Abschmecken und nachwürzen. Geben Sie den Reis in eine flache Servierschüssel und streuen Sie die restlichen Pistazien darüber. Warm oder bei Zimmertemperatur servieren.

44. Gebratenes Hähnchen mit Topinambur und Zitrone

Macht: 4

ZUTATEN:

1 lb / 450 g Topinambur, geschält und der Länge nach in 6 Spalten mit einer Dicke von ⅔ Zoll / 1,5 cm geschnitten

3 EL frisch gepresster Zitronensaft

8 Hähnchenschenkel mit Haut und Knochen oder 1 mittelgroßes ganzes Hähnchen, geviertelt

12 Bananen oder andere große Schalotten, der Länge nach halbiert

12 große Knoblauchzehen, in Scheiben geschnitten

1 mittelgroße Zitrone, der Länge nach halbiert und dann in sehr dünne Scheiben geschnitten

1 TL Safranfäden

3½ EL / 50 ml Olivenöl

¾ Tasse / 150 ml kaltes Wasser

1¼ EL rosa Pfefferkörner, leicht zerstoßen

¼ Tasse / 10 g frische Thymianblätter

1 Tasse / 40 g Estragonblätter, gehackt

2 TL Salz

½ TL frisch gemahlener schwarzer Pfeffer

ANWEISUNGEN:

Die Topinambur in einen mittelgroßen Topf geben, mit reichlich Wasser bedecken und die Hälfte des Zitronensafts hinzufügen. Zum Kochen bringen, die Hitze reduzieren und 10 bis 20 Minuten köcheln lassen, bis es zart, aber nicht weich ist. Abgießen und abkühlen lassen.

Geben Sie die Topinambur und alle restlichen Zutaten, außer dem restlichen Zitronensaft und der Hälfte des Estragons, in eine große Rührschüssel und vermischen Sie alles mit den Händen gut. Abdecken und über Nacht oder mindestens 2 Stunden im Kühlschrank marinieren lassen.

Heizen Sie den Ofen auf 475 °F / 240 °C vor. Legen Sie die Hähnchenteile mit der Hautseite nach oben in die Mitte einer Bratpfanne und verteilen Sie die restlichen Zutaten rund um das Hähnchen. 30 Minuten rösten. Die Pfanne mit Alufolie abdecken und weitere 15 Minuten garen. Zu diesem Zeitpunkt sollte das Huhn vollständig gekocht sein. Aus dem Ofen nehmen und den beiseite gestellten Estragon und Zitronensaft hinzufügen. Gut umrühren, abschmecken und bei Bedarf noch mehr Salz hinzufügen. Sofort servieren.

45. Tubetti nach Risotto-Art mit Safran

Macht: 4

ZUTATEN:
5 Tassen Hühnerbrühe
¼ Tasse natives Olivenöl extra
1 Tasse gehackte gelbe Zwiebel (ca. 1 mittelgroße Zwiebel)
Koscheres Salz
2 Tassen kleine Tubetti-Nudeln
½ Teelöffel Safranfäden
2 Esslöffel ungesalzene Butter
¼ Tasse frisch geriebener Parmigiano-Reggiano-Käse, plus mehr zum Garnieren

ANWEISUNGEN:
1. Die Brühe erwärmen und die Zwiebel anschwitzen. In einem Topf die Hühnerbrühe auf mittlerer Stufe köcheln lassen. Schalten Sie die Heizung aus. Während die Brühe köchelt, erhitzen Sie das Olivenöl in einem großen Topf mit hohem Rand auf mittlerer Stufe, bis es heiß ist. Die Zwiebel hinzufügen und mit 1 Teelöffel Salz würzen. Unter gelegentlichem Rühren 3 bis 4 Minuten kochen, bis es weich und durchscheinend, aber nicht gebräunt ist.
2. Die Nudeln rösten. Fügen Sie die Nudeln hinzu und kochen Sie sie unter gelegentlichem Rühren 5 bis 6 Minuten lang, bis sie goldbraun sind. Fügen Sie den Safran hinzu und kochen Sie ihn unter häufigem Rühren 30 bis 45 Sekunden lang, bis er duftet.
3. Fügen Sie die Brühe hinzu. Fügen Sie 1½ Tassen der Brühe hinzu und kochen Sie unter häufigem Rühren 5 bis 6 Minuten lang, bis die gesamte Flüssigkeit aufgesogen ist. Wiederholen Sie den Vorgang mit der restlichen Brühe, fügen Sie jeweils 1 bis 1½ Tassen hinzu und rühren Sie vor jeder Zugabe um, bis der größte Teil der Flüssigkeit aufgesogen ist, insgesamt 15 bis 20 Minuten lang. Die Nudeln sollten al dente sein und es bleibt noch etwas Flüssigkeit übrig.
4. Fertigstellen der Tubetti. Reduzieren Sie die Hitze auf eine niedrige Stufe und rühren Sie die Butter ein. Vom Herd nehmen und die ¼ Tasse Käse unterrühren. In eine Servierschüssel geben, mit mehr Käse belegen und servieren.

46. Cascadia Fideua

Ergibt: 4 Portionen

ZUTATEN:
- 3 Tassen Hühnerbrühe, bei Bedarf auch mehr
- 2 Knoblauchzehen, gehackt
- 1 Prise Safran
- 1 Tasse Pancetta-Speck, gewürfelt
- 2 Esslöffel Olivenöl, geteilt
- ½ Tasse gewürfelte Karotten
- ½ Tasse gefrorene Artischockenherzen, aufgetaut
- ½ Tasse frische grüne Bohnen
- 2 Tassen gewürfelte weiße Zwiebeln
- 1 Prise Salz und schwarzer Pfeffer nach Geschmack
- 2 Tassen gewürfelte Tomaten
- 1 (16 Unzen) Packung Spaghetti, in 2-Zoll-Stücke gebrochen

ANWEISUNGEN:

a) Hühnerbrühe, Knoblauch und Safran in einem Topf vermischen. Erwärmen, bis es heiß ist, aber nicht zu heiß, um den Finger hineinzustecken. Abdecken und bei schwacher Hitze warm halten, damit der Safran ziehen kann, während Sie mit dem Rezept fortfahren.

b) Kochen und rühren Sie den gewürfelten Pancetta in einer gusseisernen Pfanne bei mittlerer Hitze, bis das meiste Fett ausgetreten ist und der Pancetta den gewünschten Gargrad erreicht hat (ca. 10 Minuten). Sobald Sie fertig sind, nehmen Sie die Pancetta heraus und legen Sie sie beiseite.

c) Entfernen Sie das Fett und gießen Sie 1 Esslöffel Olivenöl hinein. Die Karotten, Artischockenherzen und grünen Bohnen kochen und umrühren, bis das Gemüse weicher wird, dann aus der Pfanne nehmen und beiseite stellen. Den restlichen 1 Esslöffel Olivenöl in der Pfanne erhitzen und die Zwiebel unterrühren. Mit Salz und Pfeffer würzen und ca. 10 Minuten kochen, bis die Zwiebel weich ist. Fügen Sie die Tomaten hinzu und kochen Sie 15 bis 20 Minuten lang, bis die Tomaten-Zwiebel-Mischung praktisch eine Paste ist.

d) Verteilen Sie die Zwiebelmischung gleichmäßig auf dem Boden der Pfanne und bestreuen Sie sie gleichmäßig mit den zerbrochenen Spaghettistücken. So viel Safranbrühe angießen, dass die Nudeln bedeckt sind, dann den Pancetta und das gekochte Gemüse darauf verteilen. Fügen Sie nach Bedarf weitere Safranbrühe hinzu, um das Gemüse zu bedecken. Zum Köcheln bringen, dann die Hitze auf mittlere bis niedrige Stufe reduzieren und etwa 15 Minuten kochen, bis die Nudeln weich sind.

47. Gebutterter Safranreis

Ergibt: 6 Portionen

ZUTATEN:
- 2 Teelöffel Safran; Blattsafran
- 2 Esslöffel Milch; warmes Salz
- 2 Tassen Reis, Basmati
- 4 Esslöffel Butter

ANWEISUNGEN:
a) Geben Sie den Safran etwa 1 Minute lang bei mittlerer Hitze in eine kleine, trockene, heiße Pfanne, bis er duftet. In die Milch zerbröseln.
b) Füllen Sie einen großen Topf mit etwa 13 Tassen Wasser. Salz hinzufügen und zum Kochen bringen.
c) In der Zwischenzeit den Reis in eine mittelgroße Schüssel geben und mit kaltem Wasser bedecken.
d) Den Reis sofort durch ein Sieb abgießen. Noch zweimal waschen und abtropfen lassen.
e) Wenn das Wasser kocht, Reis hinzufügen und einmal umrühren; zum Kochen bringen. 5 Minuten kochen; Der Reis sollte in der Mitte leicht hart sein.
f) In einem Sieb abtropfen lassen und in eine ofenfeste Form geben. Safranmilch über den Reis träufeln und ein paar Mal ganz vorsichtig umrühren. Butter in vier Stücke teilen; über den Reis legen.
g) Schneiden Sie Stücke aus Aluminiumfolie ab, die 5 cm größer sind als der Rand der Form. auf die Schüssel legen; Deckel auf Folie legen. Im vorgeheizten Ofen bei 300 °F 40 bis 50 Minuten backen und nach 40 Minuten prüfen, ob der Reis gar ist.
h) Safranfarbenen Streifenreis löffelweise auf einer vorgewärmten Platte servieren.

48. Lachsmedaillons mit Safransauce

Ergibt: 6 Portionen

ZUTATEN:

600 Gramm Tasmanisches Lachsfilet, ohne Haut und Gräten
50 Gramm Eschalots fein gehackt
1 kleine Knoblauchzehe fein gehackt
60 Gramm Butter
40 ml Wermut
60 ml trockener Weißwein
1 Liter heiße Fischbrühe
2 bis 3 Lauch
Großzügige Prise Safranfäden
90 ml Creme
1 Teelöffel Zitronensaft
2 Esslöffel fein gehackter Schnittlauch
Lachsrogen

ANWEISUNGEN:

Das Lachsfilet der Länge nach halbieren und beiseite stellen. Schneiden Sie den Lauch ab und entfernen Sie die harten äußeren Blätter. Der Länge nach halbieren und gründlich unter fließendem kaltem Wasser waschen. In kochendem Wasser blanchieren, bis es weich ist. Abgießen und mit kaltem Wasser erfrischen. Nochmals abtropfen lassen, um überschüssiges Wasser zu entfernen. Wählen Sie ungefähr gleich große Lauchstreifen aus und entsorgen Sie alle zu großen oder in Stücke zerbrochenen Streifen. Breiten Sie ein Blatt Folie aus, das groß genug ist, um eine Lachshälfte zu bedecken, und legen Sie die Lauchstreifen senkrecht darauf, wobei Sie ihre Ränder leicht überlappen und sie an die Länge des Lachsstücks anpassen müssen. Legen Sie den Lachs auf das Lauchbett und rollen Sie ihn in der Folie zu einer Wurst auf, wobei Sie die Enden verschließen. Wiederholen Sie den Vorgang mit der anderen Lachsscheibe. Im vorgeheizten Ofen bei 100 °C 20 Minuten backen.

Für die Soße: Die gehackten Eschaloten und den Knoblauch in der Hälfte der Butter bei schwacher Hitze kochen, bis die Eschaloten weich und durchsichtig sind.

Den Wermut und den Wein dazugeben und bei schwacher Hitze kochen, bis er vollständig eingekocht ist. Fischbrühe und Safran dazugeben und auf ein Drittel einkochen. Die Sahne hinzufügen und weitere 5 Minuten kochen lassen, dann abseihen, den Zitronensaft und den Schnittlauch dazugeben und die restliche Butter unterrühren.

Zum Servieren: Jedes Lachsstück quer in 6 Medaillons schneiden. Legen Sie zwei Medaillons auf jeden Teller, schöpfen Sie etwas Soße darauf und bestreuen Sie es mit etwas Lachsrogen.

49. Jakobsmuscheln mit Safran

Ergibt: 4 Portionen

ZUTATEN:
1 Pfund Jakobsmuscheln, geschält, abgespült und trocken getupft
5 Esslöffel Butter
1 Schalotte, gehackt
¼ Teelöffel gemahlener Safran
1 Teelöffel Cognac
1 Teelöffel trockener Wermut
2 große Tomaten, schälen, entkernen und grob hacken
¼ Pfund Pilze, in dünne Scheiben geschnitten
2 Tassen Sahne
Salz Pfeffer
Reispilaf
Reispilaf zubereiten; ½ Tasse weißen Reis in etwas Öl oder Butter in einem Topf anbraten, 1 Tasse kochendes Wasser hinzufügen. Abdecken und vorsichtig kochen, bis die gesamte Flüssigkeit aufgesogen ist – etwa 20 Minuten.

Die Butter in einer nicht reaktiven Bratpfanne erhitzen und die Schalotte hinzufügen. Sobald die Schalotte glasig wird, Jakobsmuscheln und Safran dazugeben und mit Salz/Pfeffer würzen. Abdecken und 2 Minuten schmoren lassen. Cognac und Wermut hinzufügen, dann die Tomaten. Abdecken und 8 Minuten schmoren lassen.

Die Jakobsmuscheln herausnehmen und in einer vorgewärmten Schüssel anrichten. Kochen Sie die Soße ohne Deckel bei mittlerer bis hoher Hitze, bis sie leicht eindickt. Jakobsmuscheln mit Soße bestreichen, mit Reis-Pilaw servieren.

50. Mit Tomaten und Safran geschmortes Hühnchen

Ergibt: 4 Portionen

ZUTATEN:
1 3 1/2 Pfund Hähnchen, in Stücke geschnitten
2 Pfund reife Tomaten gehackt oder-
2 28 oz. Dosen Pflaumentomaten, Saft wegwerfen.
6 mittelgroße Knoblauchzehen gehackt
½ mittelgroße Zwiebel, grob gehackt
1 Streifen Orangenschale
2 Sardellen abgespült, trocken tupfen und gehackt
15 Niçoise-Oliven, entkernt und grob gehackt
2½ Esslöffel Olivenöl
2 Lorbeerblatt
½ Teelöffel Thymian
⅛ Teelöffel Safranfäden, zerbröckelt
¼ Tasse trockener Weißwein
1 Tasse Hühnerbrühe
⅛ Teelöffel Cayennepfeffer
2 Esslöffel gehackte Petersilie
Salz und Pfeffer

Hähnchenstücke trocken tupfen, mit Salz und Pfeffer bestreuen. Frische Tomaten schälen und hacken oder Dosentomaten abtropfen lassen, entkernen und hacken. Erhitzen Sie 1½ Esslöffel Olivenöl in einer 12-Zoll-Pfanne und braten Sie das Hähnchen an, bis es leicht gebräunt ist.

Auf einen Teller geben und beiseite stellen. Den restlichen 1 Esslöffel Olivenöl erhitzen, Zwiebel, Lorbeerblatt und Thymian hinzufügen und anbraten, bis die Zwiebeln weich sind. Knoblauch hinzufügen und anbraten, bis es duftet. Safran und Weißwein hinzufügen und köcheln lassen, bis der Wein fast verdampft ist. Brühe hinzufügen und etwa 8 Minuten köcheln lassen, bis die Flüssigkeit auf eine halbe Tasse reduziert ist. Tomaten, Cayennepfeffer, Orangenschale und Sardellen hinzufügen. Das Hähnchen wieder in die Pfanne geben und bei mittlerer Hitze etwa 20 Minuten garen. Oliven einrühren und nachwürzen. Mit gehackter Petersilie garnieren und servieren.

51. Pochierter Heilbutt in Safranbrühe

Ergibt: 4 Portionen

ZUTATEN:
½ Tasse Weißwein
1 Tasse Fischbrühe oder Gemüsebrühe
Oder Gemüsebrühe aus der Dose
3 Knoblauchzehen, gehackt
1 kleine Zwiebel, grob gehackt
1 kleine Karotte, grob gehackt
1 Prise Safran
¼ Teelöffel gemahlener Kreuzkümmel
1 Lorbeerblatt
Eine Prise Salz
¼ Teelöffel frisch gemahlener schwarzer Pfeffer
4 Heilbuttfilets

In einer großen Bratpfanne bei starker Hitze Weißwein, Brühe, Knoblauch, Zwiebel, Karotte, Safran, gemahlenen Kreuzkümmel, Lorbeerblatt, Salz und Pfeffer zum Kochen bringen.

Reduzieren Sie die Hitze und fügen Sie den Heilbutt hinzu, wenn die Mischung köchelt. Auf jeder Seite 3 bis 5 Minuten braten, bis ein 2,5 cm dickes Filet entsteht. Den Fisch mit einem Schaumlöffel herausnehmen.

Servieren Sie den Heilbutt mit gedünstetem Reis und beträufeln Sie ihn mit etwas Pochierflüssigkeit.

52. Risotto aus Entenleber

Ergibt: 1 Portion

ZUTATEN:
- 30 Gramm Pinienkerne
- Lebern von 2 Enten
- Milch; zum Einweichen
- Salz und gemahlener schwarzer Pfeffer
- 1 Zwiebel
- 2 dicke Knoblauchzehen
- 5 Esslöffel natives Olivenöl extra
- 225 Gramm Arborio- oder Risottoreis
- Gute Prise Safranstaubblätter
- 1 Gelber Pfeffer
- 1⅛ Liter Entenbrühe
- 4 Stiele Oregano oder goldener Majoran
- 24 grüne Oliven; (24 bis 30)
- 15 Gramm ungesalzene Butter
- 2 Esslöffel Madeira
- 2 Esslöffel frischer Schnittlauch; gehackt

ANWEISUNGEN:

a) Pinienkerne unter einem heißen Grill oder in einer trockenen Bratpfanne goldbraun rösten.

b) Schneiden Sie die Leber ab und entfernen Sie alle grünen Teile. 15 Minuten in etwas Milch einweichen, um alle Bitterstoffe zu entfernen. In kaltem Wasser abspülen und trocken tupfen. Halbieren und leicht würzen.

c) Zwiebel schälen und fein hacken. Knoblauch schälen und zerdrücken. Olivenöl in einer großen Bratpfanne oder Risottopfanne erhitzen, Zwiebel und Knoblauch hinzufügen und weich kochen.

d) Reis und Safran hinzufügen. Gut umrühren, bis der Reis vollständig bedeckt ist und das Öl aufgenommen hat. Leicht würzen.

e) Paprika halbieren, Kerngehäuse, Kerne und Membran entfernen. Fruchtfleisch fein würfeln. In die Pfanne geben.

f) Nach und nach die Hälfte der Brühe hinzufügen. Zum Kochen bringen. Reduzieren Sie die Hitze auf ein langsames Köcheln und kochen Sie, bis der Reis fast gar ist. Fügen Sie immer wieder etwas Brühe hinzu und schütteln Sie dabei die Pfanne häufig.

g) Oregano oder Majoran von den Blättern befreien und hacken. Nachdem der Reis 10 Minuten lang gekocht wurde, mit Oliven und sonnengetrockneten Tomaten in die Pfanne geben. Nach weiteren 2 bis 3 Minuten geröstete Pinienkerne hinzufügen.

h) Butter in einer heißen Pfanne schmelzen. Die Leber unter häufigem Wenden von allen Seiten kräftig anbraten. Stellen Sie sicher, dass sie gar sind, aber in der Mitte noch ganz rosa. Geben Sie Madeira in die Pfanne und kratzen Sie alle Fleischreste hinein.

i) Risotto abschmecken und gehackten Schnittlauch hinzufügen.

j) Risotto mit darauf gestapelten Lebern servieren. Geben Sie den Lebersaft darüber und lassen Sie ihn unter den Reis mischen.

SALATE UND BEILAGEN

53. Safran-Nudelsalat

Ergibt: 4 Portionen

ZUTATEN:
- 8 Unzen kleine Nudelformen
- 4 Teelöffel Olivenöl
- 1 Prise reines Safranpulver oder -stränge
- 1 Unze Mandelblättchen
- 2 Unzen Johannisbeeren
- 1 Knoblauchzehe, zerdrückt
- Saft von 1 Limette
- 1 Teelöffel klarer Honig
- ¼ Teelöffel gemahlener Kreuzkümmel
- ¼ Teelöffel gemahlener Koriander
- 1 gelbe Paprika, entkernt und in Streifen geschnitten
- 1 Esslöffel fein gehackte frische Petersilie
- 1 Esslöffel fein gehackte frische Minze
- 1 Esslöffel fein gehackter frischer Koriander
- Salz und frisch gemahlen
- Schwarzer Pfeffer
- Frische Korianderblätter zum Garnieren

ANWEISUNGEN:
a) Kochen Sie die Nudeln in reichlich leicht gesalzenem kochendem Wasser einige Minuten kürzer als in der Packungsanleitung angegeben. Gut mit kaltem Wasser abspülen und gründlich abtropfen lassen. In eine Servierschüssel geben.
b) Das Öl in einem kleinen Topf erhitzen und Safran, Mandelblättchen, Johannisbeeren und Knoblauch hinzufügen. Unter Rühren vorsichtig kochen, bis die Mandeln eine satte nussige braune Farbe annehmen. Vom Herd nehmen und Limettensaft, Honig, Kreuzkümmel und Koriander untermischen.
c) Die Nudeln, Pfeffersplitter und frischen Kräuter vorsichtig unter das Dressing heben, bis sie leicht bedeckt sind. Mit Salz und Pfeffer abschmecken.
d) 1 Stunde in den Kühlschrank stellen und dann den Salat servieren, garniert mit frischen Korianderzweigen.

54. [Safran-Fenchel Sous Vide](#)

Macht: 4

ZUTATEN:
- 2 Knollenfenchel
- 1 g Safran
- 100 ml Geflügelbrühe
- 20 ml Olivenöl
- 3 g Salz

ANWEISUNGEN:
a) Den Fenchel der Länge nach in ca. 6 mm dicke Scheiben schneiden. Wo die Blätter durch den Stängel zusammenhängen, entstehen die Scheiben.
b) Die Stiele und die äußeren Teile lassen sich gut für eine Fenchelcremesuppe verwenden.
c) Die Scheiben zusammen mit den anderen Zutaten in einem Vakuumbeutel vakuumieren. Im Wasserbad bei 85 °C 3 Stunden garen.
d) Aus den Beuteln nehmen und den Kochfond auf ca. 100 ml reduzieren. ⅓ der Menge.
e) Eine wunderbare und wirkungsvolle Beilage, zum Beispiel zu Fleisch- und Fischgerichten.

55. Safran-Kartoffelpüree

Ergibt: 2 Portionen

ZUTATEN:
- 1 Prise Safran; leicht zerdrückt
- 1 Pfund Kartoffeln; gewürfelt
- ¼ Teelöffel Knoblauchsalz
- 1 Esslöffel Olivenöl
- 1 Unze Cheddar-Käse; gerieben
- 4 Esslöffel Milch

ANWEISUNGEN:
a) Den Safran in 1 EL kochendem Wasser einweichen.
b) Die Kartoffeln in kochendem Salzwasser kochen, bis sie weich sind. Abfluss.
c) Die Kartoffeln mit Safran, Knoblauchsalz, Öl, Käse und Milch zerstampfen, bis sie gut püriert sind.

56. Couscous-Salat mit Safran und Johannisbeeren

Ergibt: 6 Portionen

ZUTATEN:
- 3 Tassen Gemüsebrühe; Selbst gemachte Hühnerbrühe
- 1 Prise Safran
- Salz und Pfeffer; schmecken
- 1½ Tasse Couscous
- 1 mittelgroße rote Zwiebel; Julienne
- 2 Knoblauchzehen; gehackt
- 1 große Tomate; Samen, Würfel
- 1 Teelöffel frische Ingwerwurzel; gehackt
- ⅓ Tasse Johannisbeeren
- 1 Esslöffel frischer Koriander; oder Petersilie, gehackt
- 2 Limetten; Saft von (bis zu)
- 2 Esslöffel Olivenöl
- Salz und Pfeffer; schmecken

ANWEISUNGEN:

☑ In einem mittelgroßen Topf bei starker Hitze die Brühe und den Safran zum Kochen bringen und mit Salz und Pfeffer würzen. Geben Sie den Couscous in eine große, nicht reaktive Schüssel und gießen Sie die kochende Brühe darüber. Abdecken und 1 Minute ruhen lassen, oder bis die gesamte Flüssigkeit aufgesogen ist. Den Couscous mit einer Gabel auflockern und beiseite stellen.

☑ In einer mittelgroßen Schüssel Zwiebel, Knoblauch, Tomate, Ingwer, Johannisbeeren, Koriander und Limettensaft vermischen. Das Olivenöl langsam einrühren und mit Salz und Pfeffer würzen. Die Mischung über den Couscous gießen und gut vermischen.

☑ Den Couscous-Salat bei Zimmertemperatur servieren.

57. Safran-Quinoa und gerösteter Rübensalat

Ergibt: 6 Portionen

ZUTATEN:
- 6 Esslöffel natives Olivenöl extra
- 2 Esslöffel frischer Zitronensaft
- 2 kleine Knoblauchzehen; gehackt
- ½ Teelöffel grobes Salz
- ½ Teelöffel gemahlener Kreuzkümmel
- ¼ Teelöffel rote Pfefferflocken; bis zu ½
- 4 kleine Rüben mit angehängtem Grün; bis zu 5
- 1 Tasse ungekochter Quinoa
- 2 Tassen Gemüsebrühe
- ⅛ Teelöffel Safranfäden
- 5 Teelöffel Olivenöl
- 2 Unzen dünn geschnittene Schalotten; (½ Tasse)
- 3 mittelgroße Knoblauchzehen; gehackt
- 1½ Esslöffel frischer Zitronensaft
- ¼ Teelöffel Salz

ANWEISUNGEN:
- ☑ Ofen auf 400F vorheizen.
- ☑ In einer kleinen Schüssel alle Zutaten verquirlen.
- ☑ Je nach Geschmack würzen und beiseite stellen.
- ☑ Waschen Sie die Rüben und schneiden Sie das Grün ab, so dass etwa 2,5 cm übrig bleiben. Rübengrün aufbewahren. Wickeln Sie jede Rote Bete einzeln in Folie und backen Sie sie 45 Minuten bis 1 Stunde lang, bis sie weich ist, wenn Sie sie mit einem dünnen Messer einstechen. Zum Abkühlen beiseite stellen.
- ☑ Wenn die Rüben kühl genug zum Anfassen sind, schälen und in dünne Scheiben schneiden. Geben Sie die Rote Bete in eine kleine Schüssel, geben Sie 2 bis 3 Esslöffel der Marinade hinzu und schwenken Sie alles vorsichtig um.
- ☑ Quinoa in ein feinmaschiges Sieb geben und unter kaltem Wasser abspülen, bis der Schaum nachlässt. Quinoa in einen kleinen Topf geben, Brühe und Safran hinzufügen und zum Kochen bringen. Reduzieren Sie die Hitze auf einen niedrigen Wert, decken

Sie das Ganze ab und lassen Sie es 13 bis 15 Minuten lang köcheln, bis die Brühe aufgesogen ist.

☑ In der Zwischenzeit in einer mittelgroßen Pfanne 3 Teelöffel Olivenöl bei mittlerer bis hoher Hitze erhitzen. Schalotten hinzufügen und unter häufigem Rühren etwa 3 Minuten lang knusprig kochen.

☑ Auf Papiertüchern abtropfen lassen und beiseite stellen.

☑ Geben Sie die gekochte Quinoa-Mischung in eine mittelgroße Schüssel und vermengen Sie sie mit 3 bis 4 weiteren Esslöffeln Marinade. (Die restliche Marinade kann abgedeckt bis zu 3 Tage im Kühlschrank aufbewahrt werden.) Entfernen Sie die dicken Stiele vom Rübengrün und werfen Sie sie weg. Blätter grob hacken. In einer großen Pfanne die restlichen 2 Teelöffel Öl bei mittlerer Hitze erhitzen. Knoblauch hinzufügen und unter häufigem Rühren 1 Minute kochen lassen. Fügen Sie das Rote-Bete-Grün hinzu und kochen Sie es 1 bis 2 Minuten lang, bis es zusammengefallen ist. Zitronensaft und Salz einrühren. Pfeffern.

☑ Zum Servieren die geschnittenen Rüben auf Servierteller verteilen und am Rand anordnen. ¼ Tasse Quinoa-Mischung in der Mitte der Rüben anhäufen. Mit Rübengrün belegen, mit gebratenen Schalotten garnieren und servieren.

58. Safran-Hähnchen-Kräuter-Salat

Macht: 6

ZUTATEN:
1 Orange
2½ EL / 50 g Honig
½ TL Safranfäden
1 EL Weißweinessig
1¼ Tassen / ca. 300 ml Wasser
2¼ lb / 1 kg Hähnchenbrust ohne Haut und Knochen
4 EL Olivenöl
2 kleine Fenchelknollen, in dünne Scheiben geschnitten
1 Tasse / 15 g gepflückte Korianderblätter
⅔ Tasse / 15 g gepflückte Basilikumblätter, zerrissen
15 gepflückte Minzblätter, zerrissen
2 EL frisch gepresster Zitronensaft
1 rote Chilischote, in dünne Scheiben geschnitten
1 Knoblauchzehe, zerdrückt
Salz und frisch gemahlener schwarzer Pfeffer

Heizen Sie den Ofen auf 400 °F / 200 °C vor. Schneiden Sie ⅜ Zoll / 1 cm von der Oberseite und dem Schwanz der Orange ab und schneiden Sie sie in 12 Spalten, wobei Sie die Schale belassen. Eventuelle Kerne entfernen.

Legen Sie die Orangenspalten in einen kleinen Topf mit Honig, Safran, Essig und gerade so viel Wasser, dass die Orangenspalten bedeckt sind. Zum Kochen bringen und etwa eine Stunde leicht köcheln lassen. Am Ende sollten Sie eine weiche Orange und etwa 3 Esslöffel dickflüssigen Sirup übrig haben; Fügen Sie während des Kochens Wasser hinzu, wenn die Flüssigkeit sehr niedrig wird. Zerkleinern Sie die Orange und den Sirup mit einer Küchenmaschine zu einer glatten, flüssigen Paste. Fügen Sie bei Bedarf erneut etwas Wasser hinzu.

Die Hähnchenbrust mit der Hälfte des Olivenöls sowie reichlich Salz und Pfeffer vermischen und auf eine sehr heiße geriffelte Grillpfanne legen. Auf jeder Seite ca. 2 Minuten anbraten, damit überall deutliche Verkohlungsspuren entstehen. In eine Bratpfanne geben und für 15 bis 20 Minuten in den Ofen stellen, bis es gerade gar ist.

Sobald das Huhn kühl genug zum Anfassen, aber noch warm ist, reißen Sie es mit den Händen in grobe, ziemlich große Stücke. In eine große Rührschüssel geben, die Hälfte der Orangenpaste darübergießen und gut umrühren. (Die andere Hälfte können Sie einige Tage lang im Kühlschrank aufbewahren. Sie eignet sich gut als Ergänzung zu einer Kräutersalsa, die zu fettem Fisch wie Makrele oder Lachs serviert werden kann.) Geben Sie die restlichen Zutaten einschließlich des restlichen Salats in den Salat Olivenöl hinzufügen und vorsichtig umrühren. Abschmecken, Salz und Pfeffer und bei Bedarf noch mehr Olivenöl und Zitronensaft hinzufügen.

59. Duftender Safran-Nudelsalat

Ergibt: 4 Portionen

ZUTATEN:
- 8 Unzen (240 g) kleine Nudelformen
- 4 Teelöffel Olivenöl
- 1 Prise reines Safranpulver oder -stränge
- 1 Unze (30 g) Mandelblättchen
- 2 Unzen (60 g) Johannisbeeren
- 1 Knoblauchzehe, zerdrückt
- Saft von 1 Limette
- 1 Teelöffel klarer Honig
- ¼ Teelöffel gemahlener Kreuzkümmel
- ¼ Teelöffel gemahlener Koriander
- 1 gelbe Paprika, entkernt und in Streifen geschnitten
- 1 Esslöffel fein gehackte frische Petersilie
- 1 Esslöffel fein gehackte frische Minze
- 1 Esslöffel fein gehackter frischer Koriander
- Salz und frisch gemahlener schwarzer Pfeffer
- Frische Korianderblätter zum Garnieren

1. Kochen Sie die Nudeln in reichlich leicht gesalzenem kochendem Wasser einige Minuten kürzer als in der Packungsanleitung angegeben. Gut mit kaltem Wasser abspülen und gründlich abtropfen lassen. In eine Servierschüssel geben. 2. Das Öl in einem kleinen Topf erhitzen und Safran, Mandelblättchen, Johannisbeeren und Knoblauch hinzufügen. Unter Rühren vorsichtig kochen, bis die Mandeln eine satte nussige braune Farbe annehmen. Vom Herd nehmen und Limettensaft, Honig, Kreuzkümmel und Koriander untermischen. 3. Die Nudeln, die Pfeffersplitter und die frischen Kräuter vorsichtig unter das Dressing heben, bis sie leicht bedeckt sind. Mit Salz und Pfeffer abschmecken. 4. 1 Stunde in den Kühlschrank stellen und dann den Salat servieren, garniert mit frischen Korianderzweigen.

60. Safranreissalat

Ergibt: 4 Portionen

ZUTATEN:
- 2 Esslöffel Weißweinessig
- 1 Esslöffel Olivenöl
- 2 Tropfen scharfe Pfeffersauce (optional) oder mehr, je nach Geschmack
- 1 Knoblauchzehe; gehackt
- ¼ Teelöffel gemahlener weißer Pfeffer
- 2½ Tasse gekochter Reis (gekocht in Brühe und Safran)
- ½ Tasse gewürfelte rote Paprika
- ½ Tasse gewürfelter grüner Pfeffer
- ¼ Tasse geschnittene Frühlingszwiebeln inklusive Spitzen
- ¼ Tasse in Scheiben geschnittene reife Oliven
- Salatblätter

Essig, Öl, Pfeffersauce (falls gewünscht), Knoblauch und weißen Pfeffer in einer großen Schüssel vermischen; gut mischen. Restliche Zutaten außer Salat hinzufügen; leicht schwenken. Auf Salatblättern servieren.

SUPPEN UND EINTÖTUNGEN

61. Knoblauch-Safran-Suppe

Ergibt: 1 Portion

ZUTATEN:
- 5 Esslöffel Olivenöl
- 2 Tassen geschnittene Sauerteigbrotwürfel
- 4 große Knoblauchzehen; geviertelt
- ⅓ Tasse trockener Weißwein
- 4 Tassen salzarme Hühnerbrühe aus der Dose
- 2 großzügige Prisen Safranfäden
- Salz
- 8 ½ Zoll dicke Baguettescheiben aus französischem Brot
- ½ Tasse geriebener Manchego- oder Monterey-Jack-Käse
- Gehackter frischer Schnittlauch oder Frühlingszwiebeln
- Safranfäden

ANWEISUNGEN:
a) Erhitzen Sie 4 Esslöffel Öl in einer schweren großen Pfanne bei mittlerer bis hoher Hitze. Brotwürfel und Knoblauch dazugeben und ca. 4 Minuten anbraten, bis das Brot leicht goldbraun ist.

b) Wein hinzufügen, dann Brühe und Safran; zum Kochen bringen. Hitze reduzieren, abdecken und 25 Minuten köcheln lassen. Suppe im Mixer pürieren. Suppe wieder in den Topf geben. Mit Salz.

c) Ofen auf 350F vorheizen. Französische Brotscheiben auf einem Backblech anordnen. Mit dem restlichen 1 Esslöffel Öl bestreichen. Etwa 8 Minuten backen, bis es leicht geröstet ist. Käse über die Croutons streuen.

d) Übertragen Sie das Backblech auf den Grill. Croutons braten, bis der Käse schmilzt. In jede Schüssel 2 Croutons geben. Suppe zum Kochen bringen. Croutons darüber verteilen.

e) Mit Schnittlauch und ein paar Safranfäden bestreuen und servieren.

62. Mandel-Pistazien-Safran-Currysauce

Ergibt: 2 Portionen

ZUTATEN:
- ½ Tasse rohe, ungeschälte Mandeln
- ½ Tasse geschält; ungesalzene rohe Pistazien
- 2 Esslöffel Butter oder mildes Pflanzenöl
- 1 große Zwiebel; geschält und gerieben
- ½ Teelöffel gemahlener Koriander
- ¼ Teelöffel Muskatblüte
- ½ Teelöffel frisch gemahlener weißer Pfeffer
- 2 grüne Kardamomkapseln; geschält, gemahlen
- ½ Teelöffel Cayennepfeffer
- 1 Prise Muskatnuss
- ½ Teelöffel Safranfäden, eingeweicht in 2 Esslöffel heißem Wasser
- 2 Tassen Sahne
- ¾ Teelöffel Salz; oder nach Geschmack

ANWEISUNGEN:
a) Mandeln und Pistazien in einer 25 cm großen Bratpfanne vermischen und bei mittlerer Hitze 8 bis 10 Minuten lang trocken rösten. In einen Mixer oder eine Küchenmaschine geben und zu einem Pulver verarbeiten. Beiseite legen.
b) Butter in einem schweren 2-Liter-Topf bei mittlerer bis hoher Hitze erhitzen.
c) Zwiebeln dazugeben und anbraten, bis sie leicht gebräunt sind. Gewürze einrühren und ca. 1 Minute kochen lassen, bis es duftet. Safran, Sahne, Salz und gemahlene Nüsse unterrühren. Unter ständigem Rühren zum Kochen bringen. Hitze reduzieren und unter gelegentlichem Rühren 12 bis 15 Minuten köcheln lassen, bis die Sauce dick genug ist, um die Rückseite eines Löffels zu bedecken.

63. Muschel-Safran-Suppe

Ergibt: 4 Portionen

ZUTATEN:
- 2 Pfund Muscheln
- 1¼ Tasse trockener Weißwein
- 1½ Tasse Wasser
- 3 Esslöffel Butter
- 1 Esslöffel Olivenöl
- 1 Zwiebel, fein gehackt
- 1 Knoblauchzehe, zerdrückt
- 1 Lauch, geputzt, fein zerkleinert
- ½ Teelöffel Bockshornklee, fein zerstoßen
- 1½ Esslöffel Allzweckmehl
- 2 Packungen Safranfäden, eingeweicht
- 1 Esslöffel kochendes Wasser
- 1¼ Tasse Hühnerbrühe
- 1 Esslöffel gehackte frische Petersilie
- Salz nach Geschmack
- Frisch gemahlener Pfeffer nach Geschmack
- 2 Esslöffel Schlagsahne
- Frische Petersilienzweige

ANWEISUNGEN:

- Muscheln in mehreren Wechseln mit frischem Wasser sauber schrubben und Bärte abziehen. Entsorgen Sie alle Muscheln, die Risse aufweisen oder sich beim Klopfen nicht fest verschließen. Muscheln mit Wein und Wasser in einen Topf geben. Abdecken und bei starker Hitze unter häufigem Schütteln der Pfanne 6-7 Minuten kochen lassen oder bis sich die Schalen öffnen. Muscheln herausnehmen, geschlossene Muscheln wegwerfen.
- Flüssigkeit durch ein feines Sieb passieren und aufbewahren.
- Butter und Öl in einem Topf erhitzen. Zwiebel, Knoblauch, Lauch und Bockshornklee hinzufügen und 5 Minuten lang leicht kochen. Mehl einrühren und 1 Minute kochen lassen.
- Safranmischung, 2 ½ Tassen der zurückbehaltenen Kochflüssigkeit und Hühnerbrühe hinzufügen. Zum Kochen bringen, abdecken und 15 Minuten leicht köcheln lassen.
- In der Zwischenzeit 8 Muscheln in der Schale aufbewahren und die restlichen Muscheln aus der Schale nehmen. Alle Muscheln in die Suppe geben und gehackte Petersilie, Salz, Pfeffer und Sahne unterrühren. 2–3 Minuten erhitzen. Nach Belieben mit Petersilienzweigen garnieren und heiß servieren.

64. Fischeintopf mit Chili XE „Fischeintopf mit Chili"

Macht: 4

ZUTATEN:
- 1 Zwiebel, gehackt
- 2 Fenchelknollen, gehackt
- 1 rote Chilischote, fein gehackt
- 1 Dose Pflaumentomaten
- 6 Esslöffel Olivenöl
- 1 Teelöffel Fenchelsamen, gemahlen
- 2 Knoblauchzehen, zerdrückt
- 1 Pfund weißes Fischfilet
- 3 Unzen geröstete Mandeln, gemahlen
- 3 Unzen Gemüsebrühe
- ½ Teelöffel süßes Paprikapulver
- 1 Esslöffel frische Thymianblätter
- 1 Teelöffel Safranfäden
- 3 frische Lorbeerblätter
- Quinoa und Frühlingsgrün
- 1 Zitrone, in Spalten geschnitten

ANWEISUNGEN:
- ☑ Zwiebeln, Fenchel, Chili, zerstoßene Fenchelsamen und Knoblauch dünsten.
- ☑ Paprika, Thymian, Safran, Lorbeerblätter und Tomaten hinzufügen.
- ☑ Mit der Gemüsebrühe zum Kochen bringen.
- ☑ Den Fisch/Tofu zusammen mit den Mandeln zum Eintopf geben.
- ☑ Mit Gemüse, Quinoa und Zitronenspalten servieren.

65. Geröstete Auberginen-Safran-Suppe

Ergibt: 1 Portion

ZUTATEN:
- 1 mittelgroße rostrote Kartoffel
- Olivenöl
- 1 große Aubergine, ungeschält, in ¼ Zoll dicke Scheiben geschnitten
- ¼ Tasse Olivenöl
- 1 mittelgroße Zwiebel; gehackt
- 4 Knoblauchzehen; gehackt
- ½ Teelöffel getrockneter Oregano; zerbröckelt
- 5 Tassen Hühnerbrühe oder Dosenbrühe
- ⅛ Teelöffel Safranfäden

ANWEISUNGEN:
- ☑ Ofen auf 375F vorheizen. Kartoffeln mit einer Gabel einstechen. Legen Sie die Kartoffel auf den Ofenrost und backen Sie sie etwa 1 Stunde lang, bis sie sehr weich ist. Aus dem Ofen nehmen und abkühlen lassen. 2 Backbleche mit Folie auslegen und mit Olivenöl bestreichen.
- ☑ Auberginenscheiben auf vorbereiteten Blechen anrichten. Auberginen 15 Minuten backen. Mit Folie abdecken. Etwa 30 Minuten länger backen, bis es sehr weich und braun ist.
- ☑ Erhitzen Sie ¼ Tasse Olivenöl in einem schweren großen Topf bei mittlerer bis hoher Hitze. Zwiebel, Knoblauch und Oregano hinzufügen und etwa 10 Minuten anbraten, bis Zwiebel und Knoblauch glasig sind. Kartoffel in Stücke schneiden.
- ☑ Kombinieren Sie die Kartoffel-, Auberginen- und Zwiebelmischung im Mixer. Bei laufender Maschine nach und nach Hühnerbrühe hinzufügen und glatt rühren. In einen Topf geben.
- ☑ Safran hinzufügen und zum Kochen bringen.
- ☑ Heiß servieren.

66. Meeresfrüchte- und Fenchelsuppe

Macht: 4

ZUTATEN:
2 EL Olivenöl
4 Knoblauchzehen, in dünne Scheiben geschnitten
2 Fenchelknollen (insgesamt 10½ oz / 300 g), geputzt und in dünne Spalten geschnitten
1 große festkochende Kartoffel (insgesamt 200 g), geschält und in 1,5 cm große Würfel geschnitten
3 Tassen / 700 ml Fischbrühe (oder Hühner- oder Gemüsebrühe, falls gewünscht)
½ mittelgroße konservierte Zitrone (insgesamt ½ oz / 15 g), im Laden gekauft odersiehe Rezept
1 rote Chilischote, in Scheiben geschnitten (optional)
6 Tomaten (insgesamt 14 oz / 400 g), geschält und in Viertel geschnitten
1 EL süßes Paprikapulver
gute Prise Safran
4 EL fein gehackte glatte Petersilie
4 Seebarschfilets (insgesamt ca. 300 g), mit Haut, halbiert
14 Muscheln (insgesamt ca. 220 g)
15 Muscheln (insgesamt ca. 140 g)
10 Riesengarnelen (insgesamt ca. 220 g), in der Schale oder geschält und entdarmt
3 EL Arak, Ouzo oder Pernod
2 TL gehackter Estragon (optional)
Salz und frisch gemahlener schwarzer Pfeffer

Olivenöl und Knoblauch in eine breite Bratpfanne mit niedrigem Rand geben und bei mittlerer Hitze 2 Minuten braten, ohne den Knoblauch zu verfärben. Fenchel und Kartoffel unterrühren und weitere 3 bis 4 Minuten kochen lassen. Die Brühe und die eingelegte Zitrone hinzufügen, mit ¼ Teelöffel Salz und etwas schwarzem Pfeffer würzen, zum Kochen bringen, dann zugedeckt bei schwacher Hitze 12 bis 14 Minuten kochen lassen, bis die Kartoffeln gar sind. Chili (falls verwendet), Tomaten, Gewürze und die Hälfte der Petersilie hinzufügen und weitere 4 bis 5 Minuten kochen lassen.

Zu diesem Zeitpunkt weitere 1¼ Tassen / 300 ml Wasser hinzufügen, einfach so viel, wie gerade benötigt wird, um den Fisch gerade zum Pochieren zu bedecken, und erneut zum Kochen bringen. Den Wolfsbarsch und die Schalentiere dazugeben, die Pfanne abdecken und 3 bis 4 Minuten lang kräftig kochen lassen, bis sich die Schalentiere öffnen und die Garnelen rosa werden.

Den Fisch und die Schalentiere mit einem Schaumlöffel aus der Suppe nehmen. Wenn die Suppe noch etwas wässrig ist, lassen Sie sie noch ein paar Minuten kochen, um sie zu reduzieren. Den Arak dazugeben und zum Würzen abschmecken.

Zum Schluss die Schalentiere und den Fisch wieder in die Suppe geben, um sie aufzuwärmen. Sofort servieren, garniert mit der restlichen Petersilie und ggf. Estragon.

67. Pistazien-Safran-Suppe

Macht: 4
2 EL kochendes Wasser
¼ TL Safranfäden
1⅔ Tassen / 200 g geschälte, ungesalzene Pistazien
2 EL / 30 g ungesalzene Butter
4 Schalotten, fein gehackt (insgesamt 3½ oz / 100 g)
25 g Ingwer, geschält und fein gehackt
1 Lauch, fein gehackt (insgesamt 1¼ Tassen / 150 g)
2 TL gemahlener Kreuzkümmel
3 Tassen / 700 ml Hühnerbrühe
⅓ Tasse / 80 ml frisch gepresster Orangensaft
1 EL frisch gepresster Zitronensaft
Salz und frisch gemahlener schwarzer Pfeffer
Sauerrahm, zum Servieren

Heizen Sie den Ofen auf 350 °F / 180 °C vor. Die Safranfäden in einer kleinen Tasse mit kochendem Wasser übergießen und 30 Minuten ziehen lassen.

Um die Pistazienschalen zu entfernen, blanchieren Sie die Nüsse eine Minute lang in kochendem Wasser, lassen sie abtropfen und entfernen Sie die Schalen, während sie noch heiß sind, indem Sie die Nüsse zwischen Ihren Fingern drücken. Die Pistazien auf einem Backblech verteilen und 8 Minuten im Ofen rösten. Herausnehmen und abkühlen lassen.

Die Butter in einem großen Topf erhitzen und Schalotten, Ingwer, Lauch, Kreuzkümmel, ½ Teelöffel Salz und etwas schwarzen Pfeffer hinzufügen. Bei mittlerer Hitze 10 Minuten unter häufigem Rühren anbraten, bis die Schalotten ganz weich sind. Die Brühe und die Hälfte der Safranflüssigkeit hinzufügen. Decken Sie die Pfanne ab, reduzieren Sie die Hitze und lassen Sie die Suppe 20 Minuten köcheln.

Alle Pistazien bis auf einen Esslöffel zusammen mit der Hälfte der Suppe in eine große Schüssel geben. Mit einem Stabmixer pürieren, bis eine glatte Masse entsteht, und zurück in den Topf geben. Den Orangen- und Zitronensaft hinzufügen, erneut erhitzen und abschmecken, um die Würze anzupassen.

Zum Servieren die beiseite gestellten Pistazien grob hacken. Die heiße Suppe in Schüsseln füllen und mit einem Löffel Sauerrahm belegen. Mit den Pistazien bestreuen und mit der restlichen Safranflüssigkeit beträufeln.

68. Kürbis-Safran-Bisque

Ergibt: 4 Portionen

ZUTATEN:
- 1 ganze Zwiebel, gehackt
- 1 Knoblauchzehe, gehackt
- 1 ½ Esslöffel Butter
- 1 Tasse Kürbispüree
- 1 ¼ Tasse Wasser
- ½ Teelöffel Zimt
- ½ Teelöffel Chilipulver
- Ein paar Safranfäden
- 1 Tasse ungesüßter Vollmilchjoghurt

ANWEISUNGEN:
a) In einem Topf die Zwiebeln und den Knoblauch in Butter anbraten, bis sie braun werden
b) Kürbispüree, Wasser und Gewürze hinzufügen und aufkochen.
c) Sofort die Hitze reduzieren und fünf Minuten köcheln lassen, dabei nach und nach den Joghurt hinzufügen.
d) Warm servieren.

Saucen und Marmelade

69. Cremige Safransauce

Ergibt: 1 Portion

ZUTATEN:
- ½ Teelöffel Safranfäden
- 1 Tasse fettarme Milch
- 2 Esslöffel Erdnussöl
- 1 Tasse grob gehackte Zwiebeln
- 5 grüne Kardamomkapseln, zerstoßen
- ½ Tasse fettfreier Naturjoghurt
- 4½ Teelöffel Maisstärke
- ¾ Teelöffel Salz oder nach Geschmack
- Frisch gemahlener Pfeffer

ANWEISUNGEN:

a) In einer Schüssel Safran in die Milch einrühren und beiseite stellen. Öl in einem kleinen Topf bei starker Hitze erhitzen.

b) Zwiebeln und Kardamomkapseln hinzufügen und 4 bis 5 Minuten lang rühren, bis die Zwiebel goldbraun wird. In eine Küchenmaschine mit Metallmesser geben.

c) Safran, Milch, Joghurt und Maisstärke hinzufügen und glatt rühren.

d) Zurück in den Topf geben. Salz hinzufügen und bei mäßig hoher Hitze unter ständigem Rühren 4 bis 5 Minuten kochen, bis die Sauce glatt ist.

e) Mit Pfeffer abschmecken. Heiß servieren.

70. Frische Tomatensauce mit Safran

Ergibt: 2 Portionen

ZUTATEN:
- 2 Teelöffel Olivenöl
- 1 Teelöffel fein gehackter Knoblauch
- ½ Teelöffel Safranfäden; Zerquetscht
- ¼ Tasse fettfreie Gemüse-Hühnerbrühe; Niedriger Rasen
- ¼ Tasse trockener Sherry
- 1 große Tomate
- 2 Esslöffel gehackte frische Petersilie
- Salz und Pfeffer; Schmecken

ANWEISUNGEN:
a) Öl in einem kleinen Topf bei mittlerer Hitze erhitzen. Fügen Sie Knoblauch hinzu und rühren Sie etwa 30 Sekunden lang um, bis er leicht gefärbt ist.
b) Safran hinzufügen und weitere 5 Sekunden rühren.
c) Hühnerbrühe und Sherry einrühren und etwa 5 Minuten köcheln lassen, bis die Menge auf 2 Esslöffel reduziert ist. Die Sauce in eine kleine Schüssel geben und zum Abkühlen beiseite stellen.
d) Kurz vor dem Servieren Tomaten und Petersilie unterrühren. Mit Salz und Pfeffer würzen.
e) Über heißen gekochten Spargel oder Nudeln löffeln.

71. Mandel-Pistazien-Safran-Currysauce

Ergibt: 2 Portionen

ZUTATEN:
- ½ Tasse rohe, ungeschälte Mandeln
- ½ Tasse geschält; ungesalzene rohe Pistazien
- 2 Esslöffel Butter oder mildes Pflanzenöl
- 1 große Zwiebel; geschält und gerieben
- ½ Teelöffel gemahlener Koriander
- ¼ Teelöffel Muskatblüte
- ½ Teelöffel frisch gemahlener weißer Pfeffer
- 2 grüne Kardamomkapseln; geschält, gemahlen
- ½ Teelöffel Cayennepfeffer
- 1 Prise Muskatnuss
- ½ Teelöffel Safranfäden, eingeweicht in 2 Esslöffel heißem Wasser
- 2 Tassen Sahne
- ¾ Teelöffel Salz; oder nach Geschmack

ANWEISUNGEN:
a) Mandeln und Pistazien in einer 25 cm großen Bratpfanne vermischen und bei mittlerer Hitze 8 bis 10 Minuten lang trocken rösten. In einen Mixer oder eine Küchenmaschine geben und zu einem Pulver verarbeiten. Beiseite legen.

b) Butter in einem schweren 2-Liter-Topf bei mittlerer bis hoher Hitze erhitzen.

c) Zwiebeln dazugeben und anbraten, bis sie leicht gebräunt sind. Gewürze einrühren und ca. 1 Minute kochen lassen, bis es duftet. Safran, Sahne, Salz und gemahlene Nüsse unterrühren. Unter ständigem Rühren zum Kochen bringen.

d) Hitze reduzieren und unter gelegentlichem Rühren 12 bis 15 Minuten köcheln lassen, bis die Sauce dick genug ist, um die Rückseite eines Löffels zu bedecken.

72. Im Ofen geröstete Apfel-Safran-Marmelade

Ergibt: 1 Portion

ZUTATEN:
- 2 Sternanis
- 4 Nelken
- 2 Zimtstangen
- 4 Minzblätter
- Schale von 1 Zitrone
- 2 Pfund Zucker
- 6 Pfund Äpfel, geschält und in große Stücke geschnitten
- Saft von 1 ½ Limetten
- 1 Tasse Wasser
- 2 Späne von einem Stück Safran

ANWEISUNGEN:
a) Backofen auf 400 Grad vorheizen.
b) Sternanis, Nelken und Zimtstangen vorsichtig mit Mörser und Pistill zerdrücken.
c) Mischen Sie Wasser und Limettensaft in einem kleinen Behälter.
d) Zucker, Äpfel, Gewürzpüree, Minzblätter, Zitronenschale, ½ Tasse Limettensaft und Wasser sowie Safran in einem Bräter vermischen. Mit Alufolie abdecken und in den Ofen stellen.
e) Nach 10 Minuten ½ Tasse Limettensaft und Wasser hinzufügen. ZUTATEN: Weitere 10 Minuten rösten, dann die restliche halbe Tasse Limettensaft und Wasser hinzufügen.
f) Weitere 10 Minuten rösten.
g) ZUTATEN sofort in einer Küchenmaschine oder einem Mixer mixen, bis die Zutaten die Konsistenz von Marmelade erreicht haben.
h) Bewahren Sie Marmelade in Gläsern auf.

73. Safran-Estragon-Sauce

Ergibt: 1 Portion

ZUTATEN:
- 150 ml Fischbrühe
- 1 Prise Safranstaubblätter
- 1 Schalotte; fein gehackt
- 1 Stück Sternanis
- 150 ml Doppelcreme
- 1 Esslöffel französischer Estragon; gehackt
- Nach Geschmack würzen

ANWEISUNGEN:

a) Die Schalotte im Fischfond mit Safran und Sternanis weich kochen und den Sud auf die Hälfte reduzieren.

b) Die Sahne dazugeben, zum Kochen bringen und köcheln lassen, damit sich die Aromen entfalten und die Sahne karamellisiert. Jahreszeit. Es sollte leuchtend gelb sein. Durch ein feines Sieb in eine saubere Pfanne passieren und den Estragon hinzufügen. Würze prüfen und anpassen.

c) Mit Seeteufel und Spinat servieren.

NACHTISCH

74. Schokoladenkuchen mit Safran-Trüffelcreme

Ergibt: 20 Portionen

ZUTATEN:
- 3 Eier
- ⅞ Tasse Zucker
- ½ Vanilleschote
- ½ Orange, abgeriebene Schale
- 7 Unzen Butter
- 8 Unzen dunkle Schokolade
- 1¼ Tasse einfaches Mehl
- 3½ Unzen Walnüsse
- ⅞ Tasse Schlagsahne
- ½ Gramm Safran
- 14 Unzen weiße Schokolade
- 1½ Unze Walnüsse
- 3½ Unzen dunkle Schokolade
- Orangenschalen

ANWEISUNGEN:
- ☑ Den Ofen auf 200 °C (400 °F) vorheizen.
- ☑ Zucker und Eier verquirlen, bis die Masse weiß und schaumig ist. Vanille und Orangenschale hinzufügen.
- ☑ Schokolade und Butter getrennt schmelzen. Abkühlen lassen.
- ☑ Ei und Zucker vorsichtig mit Mehl, Butter, Schokolade und ganzen Walnüssen vermischen.
- ☑ Den Boden einer 24 cm (9 Zoll) großen Springform mit Backpapier auslegen. Den Teig einfüllen. Im unteren Teil des Ofens 12–15 Minuten backen.
- ☑ Den Safran zerstoßen und in der Sahne aufkochen lassen. Die weiße Schokolade hacken und in der heißen Sahne schmelzen lassen.
- ☑ Die Safran-Trüffelcreme über den Schokoladenkuchen gießen. 2 Teelöffel zum Dekorieren aufbewahren. Lassen Sie den Kuchen im Kühlschrank fest werden.
- ☑ Aus der Hälfte der restlichen Zartbitterschokolade dünne Flocken formen. Den Rest schmelzen und die Walnüsse darin tauchen. Von jeder Walnuss sollte nur die Hälfte bestrichen werden.
- ☑ Wenn der Kuchen fest ist, nehmen Sie ihn aus der Form. Den Rand mit der aufbewahrten Trüffelcreme bestreichen (evtl. etwas erhitzen) und die Schokoflocken am Rand befestigen.
- ☑ Mit Walnüssen, Orangenschalen und eventuell Marzipan dekorieren.

75. Goldener Safrankuchen

Ergibt: 10 Portionen

ZUTATEN:
- 1 Esslöffel Butter, weich
- ⅔ Tasse fettfreie Milch
- 1 Teelöffel Safranfäden
- 1⅓ Tasse Kuchenmehl
- 1¾ Tasse Zucker
- 1 Teelöffel Backpulver
- ½ Teelöffel Backpulver
- ¼ Tasse aufgetauter, gefrorener, fettfreier Ei-Ersatz
- 2 Esslöffel Rosenwasser
- 1½ Teelöffel Vanille
- ¾ Tasse Wasser
- 1 Esslöffel gehackte Pistazien

ANWEISUNGEN:
☑ Eine 9-Zoll-Kuchenform mit Butter bestreichen. 2 Esslöffel fettarme Milch und Safranfäden in einem kleinen Topf vermischen. Erhitzen und umrühren, bis es köchelt.

☑ Vom Herd nehmen. Kuchenmehl, 1 Tasse Zucker, Backpulver und Natron vermischen. Safranmischung, restliche fettfreie Milch, Ei-Ersatz, Rosenwasser und 1 Teelöffel Vanille verrühren.

☑ Schnell unter die trockenen ZUTATEN rühren, bis alles gut vermischt ist. In die vorbereitete Pfanne gießen. Bei 375 °F backen. ca. 15 Minuten oder bis der in der Mitte eingesetzte Holzpickel sauber herauskommt. 5 Minuten abkühlen lassen. Den restlichen ¾ Tasse Zucker und Wasser in einem kleinen Topf vermischen. Zum Kochen bringen. 5 Minuten köcheln lassen. Den restlichen ½ Teelöffel Vanille unterrühren.

☑ Stechen Sie mit einem Spieß gleichmäßig Löcher in die gesamte Oberfläche des Kuchens. Den Sirup gleichmäßig über den Kuchen verteilen.

☑ Mit Pistazien bestreuen. In rautenförmige Stücke im Baklava-Stil schneiden.

76. Honig-Apfel-Safran-Tarte

Ergibt: 8 Portionen

ZUTATEN:
- 9" Flanform
- 8 Unzen selbstaufziehendes Mehl
- 4 Unzen Butter
- 1 Prise Gewürzmischung
- Milch zum Mischen
- 3 süße Dessertäpfel; geschält, entkernt und
- ; geschnitten
- 10 Flüssigunzen Doppelcreme
- 5 Flüssigunzen Milch
- 1 Prise Safran
- 3 Eier; plus 1 Eigelb
- 2 Esslöffel Honig

ANWEISUNGEN:

☑ Bereiten Sie zunächst den Teig zu, indem Sie die kalte Butter in das Mehl einreiben, sodass es wie Semmelbrösel aussieht. Zu einem festen, aber nicht zu feuchten Teig verrühren. Sie können es entweder zu einem Kreis ausrollen, um dann die Form auszukleiden, oder es vorsichtig um die Form herum und an den Rändern nach oben bis zur Linie schieben. 10 Minuten blind backen, dann abkühlen lassen.

☑ Milch, Sahne und Safran erhitzen, bis der Safran zu bluten beginnt. Eier und Eigelb mit Honig verquirlen und Sahne, Milch und Safran darübergießen.

☑ Ständig mit einem Schneebesen schlagen.

☑ Legen Sie die Äpfel auf den Boden der Torte, gießen Sie die Flüssigkeit darüber und kochen Sie sie 25 bis 30 Minuten lang bei Gas 4–5 oder 180–190 °C.

77. Pfirsiche in Safran

Ergibt: 6 Portionen

ZUTATEN:
- 6 große unreife Pfirsiche
- ¾ Tasse Zucker
- ¼ Teelöffel spanische Safranfäden
- 1 getrocknete rote Chilischote
- 10 Pimentbeeren
- 2 Lorbeerblätter
- 1 Stück frischer Ingwer, geschält und der Länge nach in 3 Scheiben geschnitten
- 6 Tassen Wasser
- Minzezweige; Zum Servieren
- Lockig; lange Streifen Zitronenschale zum Servieren

ANWEISUNGEN:
☑ Schälen Sie die Pfirsiche mit einem scharfen Gemüseschäler und legen Sie sie beiseite.
☑ In einem großen, nicht reaktiven Topf Zucker, Safran, Chili, Pimentbeeren, Lorbeerblätter, Ingwer und Wasser vermischen. Bei mittlerer Hitze rühren, bis sich der Zucker aufgelöst hat.
☑ Erhöhen Sie die Hitze und bringen Sie die Mischung zum Kochen, reduzieren Sie dann die Hitze und lassen Sie sie 10 Minuten lang köcheln.
☑ Die Pfirsiche dazugeben und etwa 30 Minuten weiter köcheln lassen, oder bis die Pfirsiche zart, aber nicht matschig sind.
☑ Dabei gelegentlich wenden, damit alle Seiten gleichmäßig die Farbe des Safrans annehmen. Sie sind fertig, wenn ein in die Frucht gesteckter Zahnstocher problemlos bis zur Hälfte durchdringt.
☑ Die Pfirsiche mit einem Schaumlöffel auf einzelne Teller oder eine Servierplatte verteilen, abkühlen lassen und im Kühlschrank aufbewahren. Mit Minze und Zitronenschale garnieren.

78. Safran-Eis

Ergibt: 3 Portionen

ZUTATEN:
- 1½ Tasse halb und halb
- 1 Ei
- ½ Gramm Safran; fein gehackt
- Brandy
- ⅓ Tasse Zucker

ANWEISUNGEN:
☑ Den Safran eine Stunde lang in einer sehr kleinen Menge Brandy (genug, um ihn zu bedecken) einweichen.

☑ Kochen Sie das Ei genau 45 Sekunden lang. Alle Zutaten vermischen und ½ Stunde kühl stellen.

☑ Befolgen Sie dann die für Ihre Eismaschine übliche Vorgehensweise.

79. Safran-Pistazien-Panna-Cotta

Ergibt: 2 Portionen

ZUTATEN:
2 Esslöffel weicher Paneer oder hausgemachter Hüttenkäse
Teelöffel Zucker –2
2 Esslöffel Milch –
1 Esslöffel Sahne –
1 Prise Safran –
Agar-Agar-Pulver – eine große Prise
2 Teelöffel Pistazien –
1 Prise Kardamompulver –

ANWEISUNGEN:
Weiches Paneer und Zuckerpulver glatt rühren.
2 Esslöffel Milch, 1 Esslöffel Sahne und eine Prise Safran zusammen aufkochen.
Eine große Prise Agar-Agar-Pulver hinzufügen.
Schneebesen, bis alles glatt ist.
Paneer-Mischung, Kardamompulver und gehackte Pistazien hinzufügen. Gut mischen.
In eine gefettete Form 1/4 Teelöffel gehackte Pistazien geben. Panna Cotta-Mischung darübergießen.
2 Stunden im Kühlschrank kalt stellen.
Aus der Form nehmen und servieren. Geben Sie etwas Sirup Ihrer Wahl und Früchte darüber.
Sie können den Zucker je nach Geschmack anpassen.

80. Kokoswasser-Panna Cotta mit Safran

Ergibt: 6 Portionen

ZUTATEN:
2-3 EL Agar-Agar-Stränge
1 Liter frisches Kokoswasser
2 EL Zucker
8-10 Safranfäden

ANWEISUNGEN:
Weichen Sie zunächst die Agar-Agar-Stränge in einer Tasse Wasser ein. Lassen Sie es 30 Minuten lang beiseite. Zuerst bei starker Hitze zum Kochen bringen. Reduzieren Sie dann die Hitze und lassen Sie es vollständig auflösen. Es dauert etwa 8-10 Minuten.
Kokoswasser und Zucker erhitzen, bis sie gerade noch heiß sind. Fügen Sie diese Agar-Agar-Mischung hinzu. Bei Bedarf abseihen. Aber es ist überhaupt nicht nötig. Sie können es direkt hinzufügen. Achten Sie aber darauf, dass es sich vollständig auflöst, wie Sie auf dem Bild sehen können. Auch die Safranfäden unterrühren. Gut vermischen und abkühlen lassen, bevor man es in den Kühlschrank stellt.
Decken Sie es ab und stellen Sie es in den Kühlschrank, bis es fest ist. In Scheiben schneiden und mit etwas gehackter trockener Kokosnuss darüber genießen. Oder wie es ist. Es schmeckt so unglaublich toll. Lecker!

81. [Mango Lassi Panna Cotta](#)

ZUTATEN:
- 2 große Mangos
- 1/4 Tasse Milch
- 2/3 Tasse Joghurt
- 1 Tasse Sahne
- 2 EL Zucker
- 1 TL Agar-Agar-Pulver
- 1 TL Kardamompulver
- 3-4 Safranfäden

ANWEISUNGEN:
a) Das Agar-Agar-Pulver in ausreichend Wasser einweichen, damit es gut einweicht. Es ist notwendig.
b) Bereiten Sie Mangopüree zu, indem Sie die Mango schälen, in Scheiben schneiden und zu einem Püree in einen Mixer geben
c) Milch und Sahne in einen Topf geben und auf mittlerer Flamme zum Kochen bringen.
d) Kardamompulver und Safranfäden hinzufügen. Mangopüree und Joghurt dazugeben und im Feuer gut verrühren. Beiseite legen
e) 2-3 Minuten abkühlen lassen und die Mangomischung abseihen
f) Die Formen einfetten. In Formen füllen und über Nacht kühl stellen
g) Mit kleinen Mangoscheiben und Minzblättern garnieren und genießen

82. Safran-Pistazien-Panna-Cotta

Ergibt: 2 Portionen

ZUTATEN:
- 2 Esslöffel weicher Paneer oder hausgemachter Hüttenkäse
- 2 Teelöffel Zucker
- 2 Esslöffel Milch
- 1 Esslöffel Sahne
- 1 Prise Safran
- Agar-Agar-Pulver – eine große Prise
- 2 Teelöffel Pistazien
- 1 Prise Kardamompulver

ANWEISUNGEN:
Weiches Paneer und Zuckerpulver glatt rühren.
2 Esslöffel Milch, 1 Esslöffel Sahne und eine Prise Safran zusammen aufkochen.
Eine große Prise Agar-Agar-Pulver hinzufügen.
Schneebesen, bis alles glatt ist.
Paneer-Mischung, Kardamompulver und gehackte Pistazien hinzufügen. Gut mischen.
In eine gefettete Form 1/4 Teelöffel gehackte Pistazien geben. Panna Cotta-Mischung darübergießen.
2 Stunden im Kühlschrank kalt stellen.
Aus der Form nehmen und servieren. Geben Sie etwas Sirup Ihrer Wahl und Früchte darüber.
Sie können den Zucker je nach Geschmack anpassen.

83. Safrangerolltes Eis

Ergibt: 6–8 Portionen

ZUTATEN:
BASISZUTAT
- 1 Tasse Sahne
- ½ Tasse Kondensmilch

BELAG
- ½ Gramm Safran, fein gehackt
- Brandy

ANWEISUNGEN:
a) Nehmen Sie ein sauberes und großes Backblech und geben Sie Sahne und Kondensmilch hinein.
b) Alle Toppings hinzufügen und mit einem Spatel vermischen.
c) Gleichmäßig verteilen und über Nacht einfrieren.
d) Am nächsten Tag rollen Sie das Eis mit demselben Spatel von einem Ende des Blechs zum anderen.

84. Schokoladenkuchen mit Safran-Trüffelcreme

Ergibt: 20 Portionen

ZUTATEN:
- 3 Eier
- ⅞ Tasse Zucker
- ½ Vanilleschote
- ½ Orange, abgeriebene Schale
- 7 Unzen Butter
- 8 Unzen dunkle Schokolade
- 1¼ Tasse einfaches Mehl
- 3½ Unzen Walnüsse
- ⅞ Tasse Schlagsahne
- ½ Gramm Safran
- 14 Unzen weiße Schokolade
- 1½ Unze Walnüsse
- 3½ Unzen dunkle Schokolade
- Orangenschalen

1. Den Ofen auf 200 °C (400 °F) vorheizen.

2. Zucker und Eier verquirlen, bis die Masse weiß und schaumig ist. Vanille und Orangenschale hinzufügen.

3. Schokolade und Butter getrennt schmelzen. Abkühlen lassen.

4. Ei und Zucker vorsichtig mit Mehl, Butter, Schokolade und ganzen Walnüssen vermischen.

5. Den Boden einer 24 cm (9 Zoll) großen Springform mit Backpapier auslegen.

Den Teig einfüllen. Im unteren Teil des Ofens 12–15 Minuten backen. Der Kuchen sollte gerade fest werden. Abkühlen lassen. 6. Den Safran zerstoßen und in der Sahne aufkochen lassen. Die weiße Schokolade hacken und in der heißen Sahne schmelzen lassen.

7. Die Safran-Trüffelcreme über den Schokoladenkuchen gießen. 2 TL zum Dekorieren aufbewahren. Lassen Sie den Kuchen im Kühlschrank fest werden.

8. Aus der Hälfte der restlichen Zartbitterschokolade dünne Flocken formen. Den Rest schmelzen und die Walnüsse darin tauchen. Von jeder Walnuss sollte nur eine Hälfte bestrichen werden.

9. Wenn der Kuchen fest ist, nehmen Sie ihn aus der Form. Den Rand mit der aufbewahrten Trüffelcreme bestreichen (evtl. etwas erhitzen) und die Schokoflocken am Rand befestigen. Mit Walnüssen, Orangenschalen und eventuell Marzipan dekorieren.

85. [Safranreispudding](...)

Ergibt: 4 Portionen

ZUTATEN:
1¼ Tasse Basmatireis
2½ Tasse Wasser
⅓ Tasse Milch
Eine Prise Safranfäden
2 Esslöffel Butter
2 grüne Kardamomkapseln, gequetscht
1 Zentimeter Zimtstange
2 Nelken
½ Tasse Rosinen
¼ Tasse Zucker
⅓ Tasse Mandelscheiben, geröstet

Reis unter fließendem kaltem Wasser waschen und mit 2½ Tassen Wasser in einen großen Topf geben. Zum Kochen bringen, Hitze reduzieren und fünf Minuten köcheln lassen, dann abgießen.

2 Esslöffel Milch in eine kleine Schüssel geben, Safran hinzufügen und fünf Minuten einweichen.

Butter in einem schweren Topf erhitzen, Reis, Kardamomkapseln, Zimt und Nelken hinzufügen und zwei bis drei Minuten kochen, bis der Reis undurchsichtig wird.

Restliche Milch, Safranmilchmischung, Rosinen und Zucker einrühren und zum Kochen bringen. Abdecken und etwa sechs bis acht Minuten köcheln lassen, bis der Reis weich ist und die Flüssigkeit aufgesogen ist.

Ganze Gewürze entfernen und heiß mit den darüber gestreuten Mandeln servieren.

86. Eierpudding

Ergibt: 5 Portionen

ZUTATEN:
- 3-6 Eier
- 1 Liter Milch
- 8 EL Zucker
- 3-5 Fäden Safran

ANWEISUNGEN:

a) Sammeln Sie die Zutaten. Schlagen Sie die Eier auf und geben Sie alle Zutaten in einen Mixer

b) Weniger als eine Minute lang mixen und in eine Auflaufform gießen. 20 Minuten bei 170° backen

c) Vor dem Servieren eine oder zwei Stunden im Kühlschrank lagern. Einfach köstlich. Mit gemahlenen Mandeln oder einfach so garnieren.

87. Safran-Risotto-Kuchen

Ergibt: 4 Portionen

ZUTATEN:
- 500 ml Gemüsebrühe
- Salz und Pfeffer
- 75 Gramm Butter
- 2 Esslöffel Olivenöl
- 2 Knoblauchzehen; zerquetscht
- 150 Gramm Risottoreis
- Eine gute Prise Safranfäden einweichen
- ; wenig Vorrat
- 100 Gramm Parmesan; gerieben
- Salat und Balsamico-Essig

a) Butter und Öl in einer Pfanne schmelzen und den Knoblauch anbraten, bis er weich, aber nicht gefärbt ist. Den Reis vom Herd nehmen, bis er gut mit der Knoblauchmischung bedeckt ist.
b) Stellen Sie den Herd wieder auf den Herd und fügen Sie so viel Brühe hinzu, dass der Reis gerade bedeckt ist. Den Safran mit der Flüssigkeit dazugeben.
c) Kochen, bis der Reis die Flüssigkeit aufgesogen hat, dann noch etwas hinzufügen, bis er al dente gar ist. Die Hälfte des Parmesans dazugeben und gut umrühren.
d) Nach dem Garen eine Weile abkühlen lassen, aber nicht auskühlen lassen. Im warmen Zustand kleine Kuchen formen und dann im Kühlschrank abkühlen lassen. Wenn die Kuchen kalt sind, braten Sie sie in etwas erhitztem Olivenöl an, bis sie auf beiden Seiten goldbraun sind.
e) Mit Balsamico-Essig servieren und mit dem restlichen Parmesan bestreuen.

88. Persischer Safranpudding

Ergibt: 6 Portionen

ZUTATEN:
PUDDING
- 3 Tassen ungesüßte Kokosmilch
- 1 1/4 Tassen Wasser geteilt
- 1/2 Tasse Zucker
- 3/4 Tasse braunes Reismehl
- 1 ganze Zimtstange
- 1 ganzer Sternanis
- 12 ganze grüne Kardamomkapseln
- 1/2 Teelöffel Safran
- 1/2 Teelöffel Kurkuma
- 3/4 Teelöffel Salz

ORANGENBLÜTENSIRUP
- 1/2 Tasse Zucker
- 3 Esslöffel Wasser
- 2 Esslöffel Orangenblütenwasser
- Geschälte Pistazien, garnieren
- Schwarze oder goldene Rosinen, garnieren
- Safranfäden, optionale Garnitur

ANWEISUNGEN
a) Zubereitung des Puddings: In einer kleinen Schüssel Zimtstange, Sternanis, Kardamomkapseln, Safran und Kurkuma vermischen und mit 1/4 Tasse heißem Wasser bedecken, damit die Gewürze aufgehen.
b) Gewürze dröhnen im Wasser.
c) In einem mittelgroßen Topf Kokosmilch, Wasser, Zucker und Salz vermischen. Zum Kochen bringen, dann auf köcheln lassen und das Reismehl langsam unterrühren, bis eine glatte Masse entsteht.
d) Fügen Sie die Gewürze hinzu und rühren Sie, bis alles gut vermischt ist. Unter häufigem Rühren 15–20 Minuten kochen lassen.
e) Der Kokosmilch auf dem Herd Gewürze hinzufügen.

f) Vom Herd nehmen und in ein Sieb über einer großen Rührschüssel geben. Mit einem Löffel oder Spatel durchdrücken, um alle Gewürze zu entfernen.

g) Den Pudding gleichmäßig auf 4–6 Gerichte verteilen und vor dem Servieren zum Abkühlen in den Kühlschrank stellen.

h) So bereiten Sie Orangenblütensirup zu: Alle Zutaten in einem kleinen Topf vermischen und bei mittlerer Hitze zum Kochen bringen. Vom Herd nehmen und abkühlen lassen. Der Sirup wird beim Stehen dicker.

i) Orangenblütensirup auf dem Herd zubereiten.

j) Zum Anrichten den Pudding mit ein paar Pistazien und Rosinen belegen und dann mit dem Orangenblütensirup beträufeln. Wer es besonders schick mag, kann es auch mit ein paar Safranfäden garnieren.

k) Persischer Safranpudding – Exotisches glutenfreies, milchfreies, veganes Dessertrezept mit Safran, Pistazien und Orangenblütensirup

89. Mini-Orangen-Safran-Kuchen

Ergibt: 20–22 Portionen

ZUTATEN:

FÜR DEN KUCHEN:
- 1g Safran
- 1 Esslöffel Rum
- 1 Teelöffel Zucker
- 3 Bio-Eier
- 1 Tasse (180 g) Zucker
- 1 1/3 Tasse (160 g) Allzweckmehl
- 1/2 Teelöffel Backpulver
- 2/3 Tasse (150 g) Butter, geschmolzen
- 1 große Bio-Orange (Saft + Schale)

FÜR DIE ORANGEN-MANDEL-GLASUR:
- 1/2 Orange (Saft)
- 2 Esslöffel (30 g) Puderzucker
- 2 Esslöffel (30 g) Mandelblättchen

ANWEISUNGEN

a) Den Backofen auf 350°F (180°C) vorheizen. In einer kleinen Kaffeetasse den Safran mit 1 Teelöffel Zucker im Rum auflösen. Mindestens 30 Minuten mazerieren lassen.

b) In einer großen Schüssel Eier und Zucker schlagen, bis die Masse hell und schaumig ist. Den in den Rum eingeweichten Safran dazugeben und verrühren, bis alles gut vermischt ist.

c) Das Mehl mit dem Backpulver sieben und gut vermischen.

d) Die Butter in einem kleinen Topf oder in der Mikrowelle schmelzen.

e) In der Zwischenzeit die Schale einer frischen Orange abreiben und auspressen.

f) Die geschmolzene Butter sowie den Orangensaft und die Orangenschale zum Teig geben und gut verrühren.

g) Gießen Sie den Teig in eine zuvor gefettete 12 x 16 Zoll große Backform (oder bedecken Sie sie mit Backpapier) und backen Sie den Teig zur Hälfte etwa 25 Minuten lang. Wenn ein Zahnstocher sauber herauskommt, ist der Kuchen fertig.

h) Bereiten Sie in der Zwischenzeit die Glasur vor, indem Sie Orangensaft und Puderzucker vermischen.

i) Den Kuchen mit der Orangenglasur bestreichen und mit einigen Mandelblättchen dekorieren. Vollständig abkühlen lassen, bis die Glasur fest ist.

j) Den Kuchen mit Ausstechformen in verschiedenen Formen (Weihnachtsbaum, Sterne, Herz, Engel) ausstechen und auf ein Tablett legen.

90. Safran-Kulfi-Pops

Ergibt: 8 Portionen
ZUTATEN:
- 1½ Liter Vollmilch
- ⅓ Tasse Zucker
- 1/16 Teelöffel Safranpulver ODER
- ⅛ Teelöffel Safranfäden
- 1 Esslöffel kochendes Wasser
- 8 Pappbecher ODER
- Backpapier ODER
- Gewachstes Papier
- 8 Eisstangen (optional)

a) In einer 6-8-Liter-Pfanne bei starker Hitze Milch und Zucker verrühren, bis sie köcheln. Bei mittlerer bis hoher Hitze 25–35 Minuten kochen lassen, bis die Menge auf 2 Tassen reduziert ist, dabei häufig umrühren; Ziehen Sie die Pfanne teilweise vom Herd, wenn die Milch zu überkochen droht. Abkühlen lassen; Um das Abkühlen zu beschleunigen, stellen Sie die Pfanne in Eiswasser.

b) Safran in eine kleine Schüssel geben. Kochendes Wasser hinzufügen, umrühren und 5 Minuten stehen lassen. Brechen Sie die Fäden mit einem kleinen Löffel auf. Die Mischung in die warme, reduzierte Milchmischung rühren.

c) Stellen Sie die Pappbecher in eine Pfanne mit Rand. Oder um Zapfen herzustellen, schneiden Sie 8 Stücke Pergament oder Wachspapier in 7 ½ Zoll große Quadrate. Falten Sie jedes Stück in der Mitte, um ein Dreieck zu bilden.

d) Bringen Sie mit der langen Kante in Ihre Richtung einen der 45-Fuß-Winkel zur Spitze des Dreiecks und rollen Sie dann in Richtung eines anderen Winkels. Um das Loch unten zu schließen, drücken Sie von oben beginnend 1 Innenblech auf die gegenüberliegende Seite.

e) Kleben Sie den Kegel an einigen Stellen mit Klebeband fest, um ihn zusammenzuhalten. Stützen Sie jeden Kegel mit der Spitze nach unten in eine Tasse, die etwas höher als der Kegel ist. Stellen Sie die Tassen in eine Pfanne mit Rand.

f) Die Milchmischung auf Tassen oder Tüten verteilen. Einfrieren, bis Kulfi dick, aber nicht hart ist, 1 bis 1,5 Stunden; Dann, falls gewünscht, einen Eisstiel in jeden Behälter stecken. Etwa 2 Stunden länger einfrieren, bis es fest ist.

g) Zum Essen das Papier abziehen. Zum Aufbewahren verschließen Sie Kulfi (noch in Bechern oder Tüten verpackt) in einer Parge-Plastiktüte. bis zu 2 Wochen einfrieren.

GETRÄNKE

91. Safran-Zimt-Cocktail

Macht: 4

ZUTATEN:
- 12 Unzen Wasser
- 2 Stück Zimtstange
- 2 Stück frischer Ingwer
- 3½ Unzen Zucker
- ½ Teelöffel Safranfäden
- Eiswürfel
- kühles Wasser

ANWEISUNGEN:
a) In einem Topf oder Topf Zimtstange, Ingwer und Zucker mit Wasser vermischen und bei mäßiger Hitze kochen.
b) Sobald der Sirup leicht dickflüssig ist, den Safran hinzufügen und eine weitere Minute kochen lassen.
c) Den Sirup in einen Krug abseihen.
d) Geben Sie jeweils einen Esslöffel Sirup in vier Gläser, geben Sie Eis in jedes Glas und füllen Sie es mit gekühltem Wasser auf.
e) Mit den beiseite gelegten Safranfäden garnieren und sofort genießen.

92. Safran-Pfirsich-Cocktail

Macht: 4

ZUTATEN:
- 4 Unzen goldener Sirup oder Zuckerrohrsirup
- 1 Teelöffel Safranfäden
- 16 Unzen Pfirsichsaft
- 8 Unzen Apfelwein
- Eiswürfel

ANWEISUNGEN:
a) In einem Topf oder Topf 4 Unzen Wasser zum Kochen bringen.
b) Den goldenen Sirup und den Safran dazugeben und vermischen, bis beides gut vermischt ist.
c) Vom Herd nehmen und den Safransirup abkühlen lassen.
d) Abseihen, abdecken und im Kühlschrank abkühlen lassen.
e) Safransirup, Pfirsichsaft und Apfelwein verrühren.
f) In 4 Gläsern mit Eis servieren und servieren.

93. Ingwer-Orangen-Strauch

Ergibt: 4–6

ZUTATEN:
- 2 Nabelorangen, geschält und in Scheiben geschnitten
- 2 Stück frischer Ingwer, geschält und grob gehackt
- eine Prise Safranfäden + etwas mehr zum Garnieren
- 7 Unzen Zucker
- 4 Unzen Apfelessig
- gekühlte Limonade
- Eiswürfel

ANWEISUNGEN:
a) Übertragen Sie die Orangensegmente in ein Glas.
b) Ingwer, Safranfäden, Zucker und Essig hinzufügen und die Zutaten gut verrühren.
c) Schrauben Sie den Deckel auf und schütteln Sie das Glas gut.
d) Die Mischung mit einem Käsetuch in einen Krug abseihen und im Kühlschrank aufbewahren, bis sie abgekühlt ist.
e) Mit gekühlter Limonade auffüllen und auf Eis servieren.

94. Heilendes Lassi

Ergibt: 2 Portionen

ZUTATEN:
- ½ Tasse Kokos-Mandel-Joghurt
- ½ Tasse gereinigtes Wasser, gefiltert oder Quellwasser
- 1 entkernte Medjool-Dattel
- eine Prise Kurkumapulver
- Prise Zimtpulver
- eine Prise Kardamompulver
- 3 Safrannarben optional

ANWEISUNGEN:
a) Alle Zutaten in einen Mixer geben und 2 Minuten pürieren, bis eine glatte Masse entsteht.
b) Sofort trinken.

95. Mit Safran und Rose angereicherte Limonade

Macht: 4

ZUTATEN
- 1 Tasse frisch gepresster Zitronensaft für etwa 3-4 Zitronen
- 1 Tasse Zucker je nach Geschmack anpassen
- ¼ Teelöffel Safranfäden
- 1 Esslöffel Rosenwasser
- ⅛ Teelöffel zerstoßene Kardamomsamen
- Prise Salz
- 5 Tassen Wasser aufgeteilt: 1 Tasse für einfachen Sirup + 4 Tassen für Limonade
- Eis

ANWEISUNGEN
HERSTELLEN SIE EINFACH ZUCKERSIRUP
a) Zucker, Safran, zerstoßene Kardamomsamen und Wasser in einen Topf bei mittlerer bis hoher Hitze geben. Erhitzen, bis sich der Zucker vollständig aufgelöst hat, etwa 3 bis 5 Minuten.
b) Abkühlen lassen. Rosenwasser und eine Prise Salz hinzufügen. Gießen Sie den Sirup in ein Einmachglas aus Glas und bewahren Sie es im Kühlschrank auf. Am besten lässt man die Limonade vollständig abkühlen, bevor man sie zubereitet.
Um die Limonade zuzubereiten
c) Um eine komplette Limonade zuzubereiten, füllen Sie einen Krug mit 4 Tassen kaltem Wasser und viel zerstoßenem Eis. Den Zitronensaft und den gekühlten Safransirup hinzufügen. Zum Kombinieren gut umrühren. Kalt servieren.
d) Um kleinere, individuelle Portionen zuzubereiten, geben Sie 2 Esslöffel Zitronensaft und Safranzuckersirup in 1 Tasse Eiswasser.
e) Abschmecken und mehr Sirup oder Wasser hinzufügen, um den Geschmack anzupassen. Genießen!

96. Safran altmodisch

ZUTATEN
- 2 Unzen Roggenwhisky
- 2 Spritzer aromatischer Bitter
- ¼ Unze Rumi Spice Safran-Sirup
- 1 Orangenschale zum Garnieren
- 1 Luxardocherry zum Garnieren

ANWEISUNGEN

a) Safransirup, Whisky und Bitterstoffe in ein altmodisches Glas geben und 20 Sekunden lang vorsichtig umrühren.

b) Fügen Sie 1 bis 2 große Eiswürfel hinzu und rühren Sie noch einige Male um, bis das Getränk abgekühlt ist.

c) Drehen Sie eine Orangenschale über das Getränk. Getränk mit Schale und Kirsche garnieren.

97. Sumach- und Safran-Erfrischer

Macht: 4

ZUTATEN
- 15 bis 20 Safranfäden, plus ein paar zusätzliche Fäden zum Garnieren
- ½ Tasse (100 g) Zucker
- 3 grüne Kardamomkapseln, zerdrückt
- ¼ Tasse (30 g) gemahlener Sumach
- 3 Tassen (700 ml) gekühlte Limonade oder Wasser

ANWEISUNGEN
a) Den Safran mit 2 EL zermahlen. Zucker mit einem Mörser und Stößel zu einem feinen Pulver zerkleinern.
b) In einem mittelgroßen Topf bei mittlerer bis hoher Hitze 1 Tasse (240 ml) Wasser, Zucker, Kardamom und Safranpulver vermischen und unter Rühren köcheln lassen, bis sich der Zucker aufgelöst hat. Vom Herd nehmen und den Sumach unterrühren. Decken Sie den Topf mit einem Deckel ab und lassen Sie ihn 30 Minuten ziehen, nicht mehr. Die Flüssigkeit durch ein feinmaschiges Sieb über eine mittelgroße Schüssel abseihen und vor dem Servieren kalt stellen.
c) Zum Servieren vier hohe Gläser mit Eis füllen. In einem großen Krug den Sirup mit der gekühlten Limonade oder dem Wasser verrühren. Gießen Sie 1 Tasse (120 ml) des Getränks in jedes Glas. Jedes Glas mit 1 oder 2 Safranfäden garnieren. Bewahren Sie Reste bis zu 1 Woche in einem luftdichten Behälter im Kühlschrank auf.
d) Sumach ist reich an Zitronen-, Apfel- und Weinsäure, aber auch an bitteren Tanninen. Durch Einweichen in Wasser lösen sich die wasserlöslichen Säuren.

98. Safran Şerbeti (Safransirup)

Macht: 4

ZUTATEN
- 2 Teelöffel Kristallzucker
- 1 Prise Safran (15 bis 20 Fäden, etwa 1/4 Teelöffel)
- 4 ¼ Tassen Wasser
- 1/2 Teelöffel gemahlener Ingwer
- 1 Zitrone, in dünne Scheiben geschnitten, plus mehr zum Servieren
- ⅓ Tasse Honig

ANWEISUNGEN
a) Zucker und Safran mit einem Mörser zu einem feinen Pulver zerstoßen. Beiseite legen.
b) Bringen Sie 4 1/4 Tassen Wasser, Ingwer und Zitronenscheiben in einem mittelgroßen Topf bei hoher Hitze zum Kochen. 2 Minuten kochen; Vom Herd nehmen. Safranmischung einrühren; 10 Minuten stehen lassen. Honig einrühren. Abdecken und 4 Stunden kalt stellen.
c) Den Likör gekühlt mit Zitronenscheiben servieren.

99. Honig-, Zitronen- und Safran-Cocktail

Macht: 1

ZUTATEN
- 1 ½ oz (45 ml) floraler Gin
- 6 Safranstempel
- 1 Unze (30 ml) Honig
- 1 Unze (30 ml) Zitronensaft
- 1 Tasse (250 ml) Eiswürfel
- ½ oz (15 ml) trockener weißer Apfel-Wermut
- 2 oz (60 ml) Zitronensprudelwasser
- 2 grüne Oliven

ANWEISUNGEN

a) In einer kleinen Schüssel Gin und Safran vermischen. 20 Minuten ziehen lassen. In einen Cocktailshaker abseihen und die Safranstempel beiseite stellen.

b) In einer kleinen Glasschüssel den Honig und den Zitronensaft 30 Sekunden lang in der Mikrowelle erhitzen. Rühren, bis sich der Honig aufgelöst hat. Fügen Sie einen Eiswürfel hinzu, um die Mischung abzukühlen.

c) Mischen Sie im Cocktailshaker den mit Safran angereicherten Gin kräftig mit der Honigmischung, dem Wermut und einer ¾ Tasse (180 ml) Eiswürfeln.

d) Geben Sie die restlichen Eiswürfel in ein Boston Shaker-Glas. Die Gin-Mischung in das Glas abseihen. Mit Sprudelwasser auffüllen.

e) Mit drei der reservierten Safranstempel garnieren.

f) Die Oliven auf einen Cocktailspieß stecken und in das Glas geben.

100. Chiasamen- und Rosenwasser-Safran-Getränk

Ergibt: 6 Portionen

ZUTATEN
- 3 Esslöffel Chiasamen
- 5 Esslöffel Honig
- 1500 ml lauwarmes Wasser
- 4 Esslöffel kochendes Rosenwasser
- 1 Esslöffel Orangenblütenextrakt
- Eine Prise Safran in 3 Teelöffel heißem Wasser auflösen

ANWEISUNGEN

a) Geben Sie zunächst die Safranfäden in eine Tasse und gießen Sie heißes Wasser hinein. Decken Sie die Tasse ab, während Sie das Getränk zubereiten.

b) Mischen Sie Honig mit lauwarmem Wasser (nicht heiß) in einem Glas. Chiasamen hinzufügen und vorsichtig umrühren. Rosenwasser und Orangenblütenextrakt hinzufügen. Decken Sie das Glas ab und stellen Sie es etwa 2 Stunden lang im Kühlschrank, bis das Safranwasser fertig ist.

c) Safranwasser zum Chiasamengetränk hinzufügen und langsam umrühren. Lassen Sie es weitere 6 Stunden abgedeckt im Kühlschrank stehen.

d) Nach dieser Zeit hat das Getränk eine schöne gallertartige Konsistenz.

e) Genießen!

ABSCHLUSS

Safran ist normalerweise unbedenklich, wenn man kleine Mengen zum Kochen oder als Tee verwendet. Es ist außerdem voller Antioxidantien. Bevor Sie jedoch Safran einnehmen, erkundigen Sie sich bei Ihrem Anbieter, ob es für Sie sicher ist.

Eine sehr kleine Menge dieses wilden gelben, berauschenden Gewürzes reicht sehr weit, und nur Bruchteile von Gramm Safran können einer Vielzahl von Gerichten einen lebendigen, aromatischen Charakter verleihen.

Ingram Content Group UK Ltd.
Milton Keynes UK
UKHW020624210623
423802UK00010B/86